모든 것의
가장자리에서

나이듦에 관한
일곱 가지
프리즘

# 모든 것의
# 가장자리에서

*On the*
*Brink*
*of*
*Everything*

파커 J. 파머 지음

김찬호 · 정하린 옮김

글항아리

**일러두기**

- 미주와 각주는 저자의 것이다. 본문에 첨자로 부연한 곳은 옮긴이의 것이다.
- 원서에서 이탤릭체로 강조된 곳은 고딕체로 표시했다.
- 이 책에 실린 세 편의 에세이는 싱어송라이터 캐리 뉴커머가 각 에세이의 주제에 맞게 만들어 불러준 곡들과 짝을 이룬다. 모든 곡은 다음 사이트에서 무료로 내려받을 수 있다. NewcomerPalmer.com/home.
- 파머는 '은총, 중력, 노화'라는 개념에 대해 상세히 짚는데, 이는 이 책의 원래 부제다.

편집자이자 동료인 셰릴 풀러턴에게.
그녀가 없었다면 내 책 중 몇몇은 쓰일 수 없었을 것이며,
책을 펴내는 일이 내게 이처럼 생명을 가져다주는 일이 되지도 못했을 것이다.

또한,

젊고, 나이든, 혹은 그 사이 어딘가에 있는 내 독자들에게.
열 권의 책을 내는 40년 동안,
그들은 내게 의미 있는 공동체가 되어주었다.

파커 J. 파머의 '가장자리'는 삶을 옥죄이는 헛것들의 무게가 빠져나가서 새로운 시야가 열리는 자유의 자리다. 헛것들은 무게가 많이 나가고, 그 무게로 사람들을 겁준다.

삶에 의미가 있는가? 라는 질문은 무겁고 무섭지만, 게으른 자들이 억지로 만들어낸 의문문이라는 혐의가 짙다. 파머는 이런 질문에 대답하기보다는, 이미 드러나 있는, 그러나 보이지 않았던 의미들에 관하여 말하는데, 그것들은 본래 거기에 있던 것이다.

'본다'는 행위는 과녁을 겨누는 궁수의 시선이 아니라 과녁을 포함한 그 언저리 전체를 받아들이는 인식 능력이다. 본다고 해서 다 보이지 않는다. 보여야 비로소 볼 수 있고, 봐도 보이지 않으면 결국 볼 수 없다. 가장자리에서 보이는 것들은 단순하고 선명하다.

중심부의 시선은 가장자리를 중심의 변방으로 편입시키려는 욕망에 오염되어 있다. 이 욕망은 과학의 탈을 쓰고 있지만 그 본질은 권력이고, 권력은 인간의 눈에 경주마의 눈가리개를 씌운다.

인간은 좁은 새장에 갇혀 있거나 짧은 목줄에 바싹 묶여 있다. 이 부자유는 이제 제도화된 일상이다.

파머의 글은 눈가리개를 벗은 가장자리의 시선으로 인간의 삶을 억압하는 조건들을 성찰하고 해체한다. 그는 영원, 초월, 구원, 해탈 같은 환상적 위안을 제시하지 않는다. 그는 죽어야 할 운명에 순응하는 중생의 한계 안에서 중생의 언어로 인간의 아름다움과 추함을 말한다. 그가 개념의 굴레를 벗어나서 언어를 작동시킬 때, 그의 글은 편안하게 스민다. 그의 몇몇 문장은 언어라기보다는 물감에 가깝다.

그의 글은 사변이나 논리가 아니라 이 속세에서의 기쁨과 슬픔, 희망과 분노, 젊음과 늙음이 함께 흘러가는 삶의 리듬에 실려서 출렁거린다. 노래로 부르기에 알맞은 글이다. 싱어송라이터 캐리 뉴커머가 이 에세이들을 주제로 노래를 만들어 불러서 글과 노래가 짝을 이룬다.(일러두기)

나는 한국의 싱어송라이터 하덕규의 노래를 생각하면서 이 책을 읽었다. 하덕규는 '숲에서 나오니 숲이 보이네'라고 노래했다.(제목 「숲」) 젊어서 듣던 이 노래를 늙어서 들으니까 더 좋다. '나오니'와 '보이네', 두 모국어 단어가 짝을 이루며 깊은 울림을 전한다. 하덕규는 깊은 이야기를 가볍게 노래한다. 하덕규는 목에 힘을 주지 않는다. 하덕규의 노래는 가장자리의 노래다.

나는 2018년 여름에 이 책을 읽었다. 나는 일흔 살이 되었다. 늙은이가 쓴 책을 늙은이가 읽었다. 나는 자꾸만, 기를 쓰고 책을 읽어서 어쩌자는 것인가. 파머의 글은 책이라기보다는 풍경으로 다가왔다. 해가 기울고 빛이 순해지는 초저녁에 우리 마을 호수공원의 숲은 더 깊고 더 먼 데까지 보인다.

생·로·병·사는 본래 따로따로가 아니고 한 덩어리로 붙어 있어서 분리되지 않는다. 그러므로 '가장자리'는 늙은이만의 자리가 아니다.

젊었을 때는 나와 세상 사이에 뚜렷한 경계선이 있었다. 이 경계선은 내 자의식의 성벽이었고, 그 안쪽이 나의 자아였다. 나는 이 성벽 안쪽에 들어앉아서, 이 세상을 타자화해가면서 잘난 척했다.

늙으니까 이 경계선이 뭉개져서 나는 흐리멍덩해졌고, 나인지 남인지 희부예졌는데, 이 멍청한 시선으로 나는 나에게서 세상으로 건너가려 한다.

경계선이 뭉개질 때, 늙기는 힘들지만 그 가장자리에서 이것저것이 겨우 보일 때, 나는 혼자서 웃는다. 이 책을 읽으니까, 함께 수다 떨기 좋은 친구를 만난 것 같아서 말이 길어졌다.

김훈 소설가

# 차례

나는 매일 모든 것의 끝자락에 가까이 다가간다. 물론 우리 모두는 그쪽을 향해 움직인다. 비록 우리가 젊을 때도, 중요한 문제들에 매달리고 있어서 자신의 죽음에 대해 사유하지 못하더라도 말이다. 그러나 심각한 질병에 걸리거나 사고를 당할 때, 또는 우리에게 소중한 누군가가 죽음을 맞이할 때—우리는 동창회에 가서 이 노인네들이 누구지 하며 놀란다—우리 삶의 가장자리 바로 너머에 드리운 절벽은 무시하기가 어려워진다.

이 책이 출간될 때면 내 나이는 여든에 가까울 것이다. 그러니 내가 때로 이곳에서 그 끝자락을 볼 수 있다고 해도 놀랄 일은 아니다. 하지만 놀랍다. 더 놀라운 것은 내가 나이듦을 좋아한다는 사실이다.

나이가 들면 모든 것이 쇠퇴한다. 그러나 적지 않은 혜택도 주어진다. 나는 멀티태스킹 능력을 잃어버렸다. 그러나 한 번에 한 가지 일을 하는 기쁨을 다시 발견하게 되었다. 생각의 속도는 좀 더뎌졌다. 그러나 경험이 생각을 더 깊고 풍요롭게 만들어주었다. 나는 크고 복잡한 프로젝트에 더 이상 관여하지 못한다. 그러나 단순한 것들의 사랑스러움에 더 눈길을 준다. 친구와의 대화, 숲 속 산책, 일출과 일몰, 달콤한 밤잠 같은 것 말이다.

물론 두려움도 있다. 늘 그래왔고 앞으로도 그럴 것이다. 그러나 지나간 시간이 그림자처럼 길어지고 앞에 남겨진 시간은 줄어들면서, 내게 가장 중요한 감정은 삶의 선물에 대한 감사다.

나이듦이 좋은 것은 무엇보다 끝자락에서 바라보는 시선이 놀랍기 때문이다. 내 생애가 완전한 파노라마로 들어오는 것이다. 상쾌한 산들바람이 내 과거, 현재 그리고 미래를 새롭게 이해할 수 있도록 일깨워준다. 커트 보니것의 작품 『자동 피아노』에서 한 등장인물은 이렇게 말한다. "가장자리에서는 한가운데서 보지 못한 온갖 것을 볼 수 있다."[1]

돌아보건대, 나는 내게 지루함과 영감, 분노와 사랑, 고뇌와 기쁨이 왜 필요했는지 이제 알 것 같다. 어둠에 압도되는 절망의 시간 속에서조차 그 모든 것이 어떻게 어우러지는지를 알겠다. 내가 한때 탄식했던 불운도 이제는 더 커다란 직조물에 엮인 튼튼한 실처럼 보인다. 그것이 없었다면 내 생의 직조물은 지금만큼 탄탄하지 못했을 것이다. 다음 단계에 다다르기 위해 조급해하느라 누리지 못한 충만함의 순간들은 이제 다시 상기되고 음미되어야 할 시간으로 떠오른다. 그리고 내게 도움을 준 사람들에게 두 배로 감사하게 되었다. 그들은 사랑, 확신, 어려운 질문, 과감한 도전, 연민 그리고 용서로 나를 지지해주었다.

우리가 함께 사는 세상, 그 고통과 가능성을 둘러보면, 인간의 가능성을 위해서 살아간 수많은 사람의 용기를 목도한다. 노년이란 신체장애가 있는 게 아니라면 쭈그리고 앉아 보낼 시간이 아니다. 나이가 들었다는 것은 단지 더 이상 잃을 게 남아 있지 않음을 의미할 뿐이다. 인생에서 공공선을 위해 더 큰 위험부담을 감수할 시간이다.

가장자리를 넘어 레너드 코언이 '불굴의 패배invincible defeat'2라고 한 것을 향해 나아가는 날들을 내다보건대, 내가 확실히 아는 것은 그 길이 기나긴 내리막길이라는 사실이다. 날개를 펴고 날아갈 것인가? 바위처럼 말 없이 떨어질 것인가? 아니면 밴시울음소리로 가족에게 죽을 사람이 있음을 알린다는 여자 유령의 비명으로 불타오를 것인가? 잘 모르겠다.

그러나 나는 한 가지만은 확실하게 안다. 이렇게 멀리까지 온 게 커다란 행운이라는 것을. 지금 내가 서 있는 곳에서 세상과 인생을 바라볼 기회를 갖지 못한 사람이 많다. 나도 그중 한 사람일 수 있었다. 우울증의 목소리가 살려고 발버둥 치느니 차라리 죽는 게 낫다고 계속해서 속삭이던 날들도 있었다. 나는 오랫동안 의사들을 지루하게 했다. 그러나 지난 15년 동안 몇몇 전문가에게 '관심의 대상'이었다.

그래서 나는 나이듦과 죽음을 감상에 젖어 낭만화하지는 않을 것이다. 나이듦은 특권이요, 죽음에는 타협의 여지가 없음을 잘 안다.

2004년 내 예순다섯 번째 생일 직후에 "서른이 넘은 사람은 아무도 믿지 마라"는 우리 세대의 좌우명을 가지고 구박하던 친구들과 저녁을 보냈다. "넌 저장 수명보다 두 배나 더 살았구나" 같은 험담이 오가는 가운데 누군가가 물었다. "진지하게 묻는 건데, 늙어가는 느낌이 어떠냐?"

나는 말했다. "그때 가서 얘기해줄게. 하지만 이거 하나는 말할 수 있지. 내가 젊었을 때 좋아했던 딜런 토머스의 시 '순순히 어두운 밤을 받아들이지 말라'죽음에 순응하지 말고 맞서 싸우라는 뜻는 더 이상 와닿지 않는다고."[3]

어느 늦여름 저녁이었다. 우리는 석양의 멋진 풍경을 바라보고 있었다. "해가 지는 걸 봐." 나는 말했다. "아름다워. 그리고 어둠이 깔리기 전에 더 아름다워지고 있어. 그런데 지금 바로 해가 다시 솟아오른다면, 우린 비명을 지르겠지. 세상이 끝장났구나! 태양계가 미쳐버린 거야, 자연의 법칙이 무너졌어."

"나는 노화라는 중력에 맞서 싸우고 싶진 않아. 그건 자연스러운 거니까. 난 최대한 협력하고 싶어. 저 일몰의 은총과 같은 무엇으로 생을 마감하기를 바라면서 말이야. 얼굴과 이마에 주름이 가득하긴 하지만, '늙어가고 있다'고 말할 수 있을 만큼 오래 산 사람 중 한 명인 것만으로도 사랑스럽거든."

오늘 나는 '나이듦 협력하기'라는 생각에 미소를 보낸다. 19세기의 초월주의자 마거릿 풀러와 작가 토머스 칼라일 사이에 오간 대화가 떠오른다. "나는 자연의 순리를 따릅니다"라고 풀러가 선언했다. 이에 칼라일이 대답

모든 것의 가장자리에서

했다. "저런, 그러셔야지요."4 이 작은 옥신각신에서 나는 그녀 편에 선다. 칼라일의 위트에는 경탄하지만 말이다.

우리는 죽음에 관해서 아무것도 선택할 수 없다. 그러나 불가피한 것을 어떻게 끌어안을 수 있을지는 선택할 수 있다. 젊음을 예찬하고 나이듦을 폄하하며 죽음을 직면하지 못하도록 만드는 문화에서 그런 선택은 어려울 수밖에 없다. 일몰을 지시하는 자연의 법칙은 우리의 종말도 지시한다. 그러나 그 일출과 일몰 사이의 활처럼 휘어진 길을 어떻게 여행할지는 우리의 선택이다. 부정할 것인가, 도전할 것인가, 아니면 협력할 것인가?

여러 해 동안 글쓰기는 내가 인생과 협조하는 하나의 방식이었다. 내게 글쓰기란 머리에 생각을 가득 채워 그것을 종이에 옮기는 것이 아니다. 그것은 글쓰기가 아닌 타이핑이다.5 글쓰기는 종이나 컴퓨터 화면 위에서 자기 자신과 대화하며 내면에서 일어나는 일을 펼치는 것이다. 그것은 예약도 비용도 필요 없는 대화 치료의 한 방식이다. 이 책은 내 열 번째 책으로, 나이듦과 협력한 결실을 담고 있다. 이 길을 함께 걸으며 사유하는 이들에게 동료 여행자가 바치는 선물이다.

'은총, 중력, 그리고 노화'에 관해 몇 마디 하고 싶다. 나는 뉴멕시코주 샌타페이에서 이 글을 쓰고 있다. 10년 넘게 늦봄이 되면 아내와 함께 이곳을 찾아 하이킹을 하고 글을 쓰고 낮잠도 자고, 서남 지방 음식도 먹고, 장엄한 일몰도 즐기면서 2주 정도 시간을 보내왔다.

이 나이가 되면 낮잠을 자고 음식을 먹고 하늘을 올려다보는 일은 어렵지 않다. 그러나 산악 코스로 나가면, 나는 내가 60대 중반 이곳에 처음 왔을 때보다 은총과 중력을 더 예리하게 느낀다.

은총이란 이런 것이다. 사막으로 나갈 수 있을 만큼의 체력과 자원이 있다는 것. 이틀쯤이면 샌타페이와 미드웨스턴의 집 사이의 2000여 미터 되는 고도 차이에 적응할 수 있다는 것. 기점起點에 섰을 때 어느 정도까지는, 어쩌면 2700미터에서 3000미터쯤 되는 곳까지 오를 수 있으리라는 자신감을 느끼는 것. 발걸음을 옮길 때마다 대부분의 사람이 결코 볼 수 없을 아름다움에 둘러싸이는 것.

그러나 막상 올라가려 하면 중력이 나를 붙잡는다. 나는 점점 더 자주 멈춰 서서 숨을 가다듬으며 예전보다 더 느리게 하이킹을 한다. 순간적인 불균형으로 넘어지지 않도록 발걸음에 더욱 주의를 기울여야 한다. 중력이 잡아당기는 것은 나이듦의 불가피한 부분이다. "모든 것은 하향한다"는 말이 있지 않던가. 에너지, 반응 속도, 근육의 탄력, 신체 자체, 그 모든 것은 점점 아래로 떨어진다.

우리를 무덤으로 끌고 가는 중력에는 어떤 해독제도 없다. 그러나 그것을 상쇄하는 힘이 있으니, 바로 '경쾌함levity'이다. 온라인 어원 사전에 따르면 이 단어는 "옛 과학(16~17세기)에서 육체의 힘 또는 속성으로서, 중력과 반대로 그것을 솟아오르게 만드는 것"을 의미했다.[6] 물론 우리에게 경쾌함은 삶의 중력이라는 짐을 덜어주는 일종의 유머를 뜻한다. "천사들이

날 수 있는 것은 스스로를 가볍게 여기기 때문이다"7라는 체스터턴의 말과 뉘앙스가 일맥상통한다.

레너드 코언이 어느 유명한 가사에서 썼듯이, "친구들은 가버렸고 내 머리는 희끗해졌다 / 어릴 때 놀던 곳들에서 나는 몸이 쑤신다."8 이 모든 것은 진실이며, 처음 몇 단어는 무겁다. 그러나 두 번째 행에 따라오는 웃음은 짐을 덜어준다.

시는 은유를 지렛대 삼아 무거운 것들을 들어올림으로써 짐을 가볍게 해주기도 한다. 일례로 아흔세 살의 나이에 세상을 뜰 때까지 통찰과 우아함으로 글을 쓴 시인 진 로먼의 작품이 그렇다. 그녀의 시는 나이듦을 생각할 때 종종 엄습해오는 중압감을 다루는 데 도움을 준다. 그리고 내가 나이듦에 대한 명상인 이 책을 쓰는 데도 영감을 불어넣어주었다. 이 책에서 나는 중력과 은총과 내 자신의 경험의 목소리에 진실하고자 애썼다. 자신의 목소리를 들을 수 있도록 독자들을 초대하는 방식으로.

## 기원 祈願

중력에, 은총에, 주어진 것에 진실한 것을
우리 자신의 목소리에 주름진 혀의 지도를 만드는
선線들에 충실한 것을 시도하게 하소서
하나의 말 그 뿌리 쪽을 향한 채

엄숙함과 슬로건을 거부하면서

숨어 있어서 말로 나오기 어려운 것을 보듬게 하소서

우리가 입 안에 물고 있는 조약돌들은

우리의 노래 연습을 도와주고, 우리는 바다를 향해 노래합니다

이 세계의 만물, 그 아름다운 비밀의 어휘들이

우리를 위해 보존되길 우리는 그것을 거듭

그리고 새롭게 꿈꾸고 있습니다. 바로 우리 부족의 언어,

우리가 듣고 유일하게 인정할 수밖에 없는 그런 음악을

이름 짓는 힘이 베풀어지기를

우리의 말은 우리의 숨결을 타고 날아가는 깃털

그것이 거룩한 방향으로 흘러가게 하소서9

바라건대 이 책에 담긴 말들이 "엄숙함과 슬로건"을 거부하고, "숨어 있어서 말로 나오기 어려운 것을 보듬어"준다면 좋겠다. 내 말은 "날아가는 깃털"에 지나지 않지만, 그것은 중요하지 않다. 중요한 것은 그것이 "거룩한 방향으로", 삶을 향해 날아가는 것이다.

처음 책을 낸 1979년에 내 나이 마흔이었고, 아홉 번째 책이 나온 2011년에는 일흔둘이었다. 그러니까 책 한 권을 쓰는 데 3~4년은 걸린 셈이다. 한 권씩 쓸 때마다 마라톤을 뛰는 기분이었고, 아홉 번째 책을 냈을

때는 더 이상 장거리 경주는 할 수 없으리라고 확신했다.

2015년 말, 나는 내 오랜 편집자이자 동료인 셰릴 풀러턴과 이야기를 나누었는데, 그는 내가 새로운 책을 쓰고 있는지 궁금해했다. 나는 "아뇨. 그럴 에너지가 없어요. 그래도 짧은 글을 쓰는 건 정말로 즐기고 있지요. 간단한 에세이나 좀 짤막한 시 같은 것 말이에요"라고 답했다.

셰릴이 다시 물었다. "그 에세이들을 모아서 써둔 시와 함께 편집하고 몇몇 새로운 글을 추가해서 책으로 엮어 낼 생각은 해보셨나요? 『삶이 내게 말을 걸어올 때』도 그렇게 해서 나온 책이잖아요." 그 뒤 이어지는 대화는 비틀스의 노래 「With A Little Help From My Friends」에 나오는 표현을 빌리자면, 친구의 작은 (또는 큰) 도움으로 어떻게 일을 해낼 수 있는지를 알려주는 좋은 사례다.

나: 아뇨. 그런 생각은 안 해봤는데요. 책이란 뭔가를 다뤄야 하잖아요. 그런데 내 짤막한 글들은 너무 잡다한 주제를 담고 있거든요.

셰릴: 음, 그렇지 않아요. 지난 몇 년 동안 수많은 글을 내게 보내줬잖아요.

나: 그 글들을 관통하는 어떤 주제가 있다는 뜻인가요?

셰릴: (잠시 침묵했다가) 파커, 당신이 쓴 글을 읽어본 적이 있나요?

나: 물론 없죠. 그걸 왜 읽겠어요? 쓰지. 하지만, 그래요, 한번 말해봐요. 내가 무엇에 대해 써온 거죠?

셰릴: 나이듦이요! 그게 바로 당신이 써온 주제입니다. 몰랐나요?

나: (뇌리에 불빛이 깜빡이면서) 아, 몰랐어요…… 하지만 당신 이야길 듣고 보니 나이듦에 대한 책, 흥미롭겠네요. 와, 그런 생각에 이르다니 정말 기쁩니다.

그렇게 해서 이 책이 구상되었다. 나는 스물네 편의 짧은 에세이와 내 작품을 포함한 여러 시에서 나이듦에 대한 다양한 성찰을 가다듬고자 했다.[10] 이 책은 나이듦에 대한 '가이드'나 '안내서'가 아니다. 그 대신 내 경험을 비추는 프리즘을 바꿔가면서 각자의 경험에 그런 작업을 해보도록 독자들을 북돋우려 한다. 우리는 쇠퇴와 무기력이 아닌 발견과 참여의 통로로 나이듦의 프레임을 바꿀 필요가 있다.

우리 모두는 (운이 좋다면) 언제나 나이를 먹고 있는 만큼, 나는 이 책이 내 또래의 노인들뿐만 아니라 아직 늙지 않은 사람들에게도 울림을 주길 바란다. 우리가 '나이에 비해 성숙한 영혼'이라고 불러도 좋을 젊은이들이 있다. 예를 들어 나는 스물네 살 먹은 손녀이자, 내 가장 친한 친구 가운데 한 명인 헤더 파머를 떠올린다. 그 아이가 태어났을 때부터 우리가 함께해온 여정은 수많은 것을 향해 나의 눈, 생각과 마음을 열어주었다.

나는 이 책을 통해 프리즘을 일곱 번 바꿀 텐데, 그 하나하나마다 다른 빛으로 나이듦에 대한 내 경험을 굴절시킬 것이다.

1장 「가장자리의 시선: 여기서 내가 볼 수 있는 것」은 나이가 들면서 배우는 것들을 탐구한다. 특히 경험에 열린 눈을 가지고 그에 대해서 올바른 질문을 던지는 것의 중요성을 다룬다.

2장 「젊은이와 노인: 세대의 춤」은 젊은이들에게 창조적으로 관여하는 일에 초점을 맞춘다. 젊은이와 노인이 배터리의 양극처럼 연결될 때, 거기서 방출되는 힘은 양쪽 모두에게 생기를 불어넣고, 세상을 밝히는 데 도움을 준다.

3장 「리얼해진다는 것: 환상에서 실재로」는 영적인 삶에 대해 성찰한다. 나는 영적인 삶이란 환상을 뚫고 실재에 가닿으려는 끝없는 노력이라고 이해한다. 이는 나이와 상관없이 중대한 과제이고, 잘 나이 들어가는 데 긴요한 덕목이다.

4장 「일과 소명: 삶에 대해 쓴다는 것」은 우리에게 들려오는 목소리에 관한 것이다. "당신이 돈을 받고 하는 일이 무엇이든, 그것은 당신에게 생명을 준다"는 말이 있다. 오랫동안 내게 들려온 목소리는 "글을 쓰라!"는 것이었다. 나이가 들수록, 생계를 위해서 유지하는 직업과 의미를 추구하는 소명 사이의 차이를 분별하는 것이 중요하다. 많은 노인이 직업을 떠나거나 잃는다. 그럴지라도 소명을 따르고, 계속해서 의미를 만들어내는 일은 인생의 종말에 이를 때까지 가능하다.

5장 「바깥으로 손을 뻗기: 세상에 관여하며 살아가기」는 우리가 공유하는 세상에 대해 지속적으로 관심을 갖고 마음속으로는 가까이에 있는 사람들에게 말로써 하는 정도이든 필요한 행동을 취하는 것이 노인들에게 얼마나 중요한지, 사례를 통해 살펴본다.

6장 「안쪽으로 손을 뻗기: 자기 영혼에 관여하면서 살아가기」는 침묵과 고독 속에서 이뤄지는 내면 작업의 중심성에 관한 것이다. 당신 자신을 알고 존재의 바탕에 뿌리를 내리는 것은 노년의 중대한 과업이다. 침묵과 고독에 편안해지면 삶에서 죽음으로의 이행이 수월해진다. 우리는 침묵에서 왔고, 죽음이란 그 침묵으로 되돌아가는 여정이기 때문이다.

7장 「가장자리를 넘어: 죽으면 어디로 가는가」는 '죽음 이후에 우리에게 무슨 일이 일어나는가?'라는 오래된 질문에 답한다. 원래 이 책에 관한 내 마케팅 계획은 단순했다. "답을 원하는가? 책을 사라." 그러나 광고의 어떤 진실을 담고 있는 이 아이디어는 편집자에게 퇴짜를 맞았다. 나는 간단하게 이렇게 말하고 싶다. 7장을 읽고 나면 천국이 어디 있는지 알게 될 거라고. 나는 비록 그 위도와 경도에서 약간 벗어나 있긴 하지만 말이다.

모든 것의 가장자리에 오신 것을 환영한다. 여기에 오기까지 일생이 걸렸지만, 눈앞에 펼쳐지는 놀라운 풍경과 얼굴에 스치는 산들바람은 그 여행을 가치 있게 해준다.

**1장**

---

# 가장자리의 시선

여기서 내가 볼 수 있는 것

케임브리지 온라인 사전에서 'on the brink'를 검색하면 "절벽이나 높은 지대의 끝자락, 또는 뭔가 좋거나 나쁜 일이 벌어지려는 시점"이라고 정의되어 있다. 그리고 이런 예문이 딸려 있다. "그 회사는 몰락 직전에 있었다."[1]

거의 모든 용례가 '포기하기 직전' '넋을 잃기 직전' 또는 '전쟁 발발 직전' 등인데, 왜 이렇게 부정적인 것들뿐인지 그 이유를 잘 모르겠다. 얼마든지 긍정적으로 사용될 수도 있는데 말이다. 어쩌면 우리의 파충류적인 뇌인간의 뇌를 세 영역으로 구분하여 설명하는 이론이 있는데, 파충류의 뇌(뇌간), 포유류의 뇌(변연계), 인간적인 뇌 (대뇌피질)가 그것이다. 이 가운데 파충류의 뇌는 가장 원시적인 본능과 동물적인 충동을 관장한다 깊숙이에, 높은 곳에서 떨어지는 일이나 경계를 넘어 미지로 가는 일에 대한 두려움이 있기 때문인지도 모른다. 그러나 자유롭게 날아오르기 직전, 뭔가 아름다운 것을 발견하기 직전, 평화와 기쁨을 발견하기 직전에 있는 것도 가능하지 않은가?

서문에서 말했듯이, 나는 '모든 것의 가장자리에' 있기를 좋아한다. 그것이 과거와 현재와 미래에 대한 새로운 시야를 열어주기 때문이다. 그리고 삶을 빚어내고 추동하는 내적 역동에 대한 새로운 통찰을 주기 때문이다. 이 장에서 나는 최근 몇 년 동안 놀라움으로 다가온 내적 삶의 발견을 탐구할 것이다. 그 가운데 어떤 것은 나를 겸손하게 해주었고, 그 모든 것은 내게 생명을 불어넣어주었다.

첫 번째 에세이 「모든 것의 가장자리에서」는 내 친구의 뛰어난 저술에서 이 책의 제목을 훔쳐온 과정을 설명한다. 코트니 마틴이라는 작가인데, 그녀는 딸 마야가 세상을 발견해가는 것을 바라보는 경이로움에 대해 썼다. 어느 겨울 아침, 그 에세이를 읽다가 나를 이 책의 저술로 끌어들이는 통로를 발견했다. 마야가 16개월 나이에 발견한 것을 나는 70대 후반에 발견하고 있었다.

두 번째 에세이 「내 삶에 의미가 있는가?」에서는 오래전부터 자주 물어온 바로 이 질문의 오류를 어떻게 깨우쳤는가를 회고한다. 질문을 잘못 던지면 틀린 답에 이른다. 그래서 나는 올바른 질문을 찾아 나섰고, 내게 통하는 질문 하나를 발견했다. 그 질문이 당신에게 통하지 않는다 해도, 내 사색은 통하는 질문을 찾도록 당신을 북돋울 것이다.

「진실을 향해 시들어가기」는 나이 들면서 생기는 주름살을 긍정적으로 생각하도록 해준다. 나이가 들면, 우리는 윌리엄 예이츠가 말한 "우리 젊음의 거짓된 나날"을 벗어나, 올리버 웬들 홈스가 말한 "복잡함의 이면에 있는 단순함"² 을 향해 시들어갈 수 있게 된다. 나는 노년이란 진실을 말할 일만 남은 시간이라고 오랫동안 생각해왔다(사랑에 빠졌을 때 진실을 말하는 것을 떠올려보라). 누군가에게 뭔가를 증명하지 않아도 된다고 느끼기에 더 이상 거드름 피우지 않아도 되는 시기에 이르면 우리는 해방감을 느낀다.

이 장은 나의 시 「그랜드캐니언」으로 마무리된다. 우리가 영위하는 다층적인 삶을 성찰하고, 그 각각의 층위가 전체의 장엄함에 어떻게 기여하는가를 돌아보는 작품이다. 그 시는 콜로라도강에서 아흐레 동안 래프팅을 하면서 썼는데, 거기서 나는 보트맨들이 흔히 '도랑에 빠진 날'이라고 부르는 일을 경험했다.

삶은 최고 속도로 거칠게 지나가는데 내 주변은 생명이라 불리는 놀라운 것들의 장관으로 둘러싸여 있다고 느낄 때가 있다. 그토록 힘들었던 하루가 저물 무렵, 나는 그 문구를 쓰게 된다.

# 모든 것의 가장자리에서•

2015년 3월, 내 친구이자 동료 코트니 마틴의 「경외감과의 재결합」3이라는 글을 읽었다. 16개월 된 딸 마야를 보면서 그 걸음마 배우는 아이의 눈을 통해 자신이 삶의 경이로움을 어떻게 볼 수 있게 되는가를 섬세하게 묘사한 글이다.

나는 코트니의 첫 문장에 사로잡혔다. "내 딸은 모든 것의 가장자리에 있다." 그것은 정확하게 내가 오늘 일흔아홉 살의 나이로 서 있는 곳이다. 나는 내 여생의 가장자리에 서서 종종 경외감을 느낀다. 그 여생에는 죽음이라 불리는 부분도 포함되는데, 이곳에서는 때로 그것이 거의 다 보인다.

노년에 따라오는 모든 것에 경외감을 느낀다고 말하면 거짓말일 것이다. 코트니는 마야가 "코티지치즈 조각 몇 개를 마구잡이로" 떠먹으면서 한 입

---

• 내 친구이자 싱어송라이터인 캐리 뉴커머는 이 책을 쓰는 데 있어 가까운 대화 상대였다. 책이 거의 완성되어갈 때 캐리는 「모든 것의 가장자리」라는 제목의 곡을 써서 음악으로 축복해주었다. 무료로 다운받으려면, NewcomerPalmer.com/home을 방문해보라.

베어 물 때마다 스스로에게 박수 쳐주는 장면을 묘사한다. 나는 식사 중에 칠칠치 못한 모습을 보이면 칭찬받지 못한다. 어젯밤 식사할 때, 아내가 내 뺨을 가리키면서 씽긋 웃으며 말했다. "얼굴에 또 음식을 묻혔어요." 나는 냅킨을 집으면서 "간식으로 먹으려고 아껴둔 건데"라고 툴툴거렸다.

코트니는 마야를 데리고 산책을 나갈 때의 장면을 보고한다. 마야는 "자유로움의 기쁨으로" 펄쩍펄쩍 뛰고, 자기 엄마가 따라오고 있는지 확인하려고 "빠르게 몸을 돌린다". 만일 내가 펄쩍펄쩍 뛰고 몸을 휙 돌린다면, 의사를 찾아가서 그렇게 움직이는 데 필수적인 신체 부위를 치료받아야 할 것이다.

의사 이야기가 나왔으니 말인데, 내 또래 사람들과 마찬가지로 나도 몇 가지 만성적인 건강 문제를 안고 살아간다. 그것이 내 생명을 당장 위협하진 않지만, 전문의를 더 자주 만나기 시작할 때, 특히 가족이나 친구나 동료가 병들어 죽어가는 것을 볼 때 진지하게 생각하게 된다. 그러나 나이 먹고 약해짐에도 불구하고가 아니라 나이 먹고 약해지기 때문에, 나는 모든 것의 가장자리에 서서 종종 경외감에 사로잡힌다.

코트니의 에세이가 업로드된 날 아침, 나는 잠에서 깨어나는 것으로 하루를 시작했는데, 이는 그 자체로 축하할 만한 사건이다. 나는 침대 끝에서 가만히 몸의 균형을 체크하고 정신을 차린 다음, 하루에도 몇 번씩 들르는 작은방으로 향하는 통로를 걸었다.

내가 사는 곳은 꽁꽁 얼어붙은 겨울이었고, 동쪽으로 난 창에는 성에가

끼어 있었다. 벌거벗은 나무들 너머의 지평선은 진홍색 일출로 타올랐는데, 얼음 결을 통해 보니 햇빛이 유리창을 스테인드글라스로 바꿔놓고 있었다. 나는 거기에 몇 분 동안 서서 마치 샤르트르대성당의 커다란 장미창을 관조하기라도 하듯 그 광경을 온몸으로 흡수했다.

나는 아래층으로 내려가서 난방 스위치를 켜고 커피 물을 끓이기 시작했다. 낮게 타닥거리는 화로와 쉭쉭거리는 가스스토브 버너 덕분에 두 배로 따뜻함을 느꼈던 나는 전날 도착한 손 편지를 읽으며 세 배로 따뜻해졌다. 육십대 초반에 낸 책에 대한 고마움을 담은 편지로, "당신이 우울증 경험에 대해서 쓴 글이 내 생명을 구했습니다"라고 적혀 있었다.

편지를 내려놓으면서, 내가 그동안 어떻게 이른 아침을 맞이해왔는가를 되돌아봤다. '서둘러 집필에 복귀하느라' 깨어나는 세상의 사랑스러움을 맞아들일 몇 분의 시간조차 가만있지 못했다. 나는 오랫동안 강박적으로 글을 썼다. 나이가 내 속도를 늦춰주기 전까지는 눈만 뜨면 곧바로 키보드를 두드리기 시작했기에 주변의 아름다움에 눈을 돌리지 못한 것이다.

마음속으로는 그것을 후회한다. 그러나 지난날 ('여기 내면에' 있는 것을 레이저처럼 조사하고 지도로 그리는 일에 집중하느라 '창밖에' 있는 것을 무시하면서) 나는 낯선 사람이 새로운 삶을 찾는 데 도움이 되는 뭔가를 썼다.

돌아보건대, 모든 것(올바르게 이해한 것과 잘못 이해한 것)을 끌어안으면 전체성의 은총이 임하는 과정에 대해 경외감을 느낀다. 심리학자 플로리다 스콧맥스웰은 여든다섯 살 나이에 이렇게 썼다. "자신을 스스로의 것으로 만들려면, 삶의 여러 사건을 자기 것으로 만들기만 하면 된다. 자신이 어떤 존재였고 무엇을 했는지를 진정으로 소유하면 (…) 현실에 치열해진다."4

현실에 치열해진다는 건 다음과 같이 말할 수 있을 때 느끼는 감정이다. "나는 무엇인가. 내가 대수롭지 않게 여기는 것, 내가 주의를 기울이는 것 모두가 나 자신이다. 어둠으로 내려앉는 것, 빛 속으로 다시 떠오르는 것 모두 나 자신이다. 배반과 충성심, 실패와 성공 모두 나 자신이다. 나는 나의 무지이고 통찰이며, 의심이고 확신이다. 또한 두려움이자 희망이다."

온전함이란 완전함을 의미하지 않는다. 그것은 부서짐을 삶의 총체적인 부분으로서 끌어안는다는 뜻이다. 완전함과는 거리가 먼 한평생 마구잡이로 헤쳐온 구불구불하고 울퉁불퉁한 길을 노년에 돌아보면서 나는 이 진리에 감사함을 느낀다.

찻주전자가 쉭쉭거렸고, 나는 끓는 물을 커피포트에 넣었다. 커피가 내려지기를 기다리면서 스마트폰을 열어 코트니의 에세이 「경외감과의 재결합」을 읽었다. 그러면서 나는 바로 이 글을 구상하기 시작했다. 여기 새로운 날이 시작되기 직전에 이미 얼마나 많은 것에 경외감을 느껴왔는지를 새삼 의식하면서.

매 순간 나는 죽음에 한 발씩 더 가까이 다가간다. 우리 모두가 늘 그것에 다가서고 있지만, 노년이나 재난이 우리가 서 있는 곳을 상기시켜줄 때와 같은 날카로운 각성은 좀처럼 일어나지 않는다. 나이듦과 죽음에 대해 나는 지혜롭게 말하지 못한다. 사랑하는 사람이 고통 속에서 죽는 것도 봤고, 평화롭게 죽는 것도 봤다. 내가 그 마지막 코스를 어떻게 여행할지는 아무도 모른다.

죽음 이후의 세계에 대해 아는 바가 없지만 이른 아침 커피를 마실 수 있다면 천국에 왔다는 걸 알 수 있을 터이다. 이렇게 믿는 데는 이유가 있는데, 지옥에서는 커피콩을 볶을 수만 있다고 들었기 때문이다.

내가 확실하게 아는 것은 이것이다. 우리는 신비로부터 왔고 신비로 돌아간다는 것. 또 이것도 안다. 죽음의 실체에 가까이 다가서면 삶의 선물에 눈이 뜨이며 경외감을 느낀다는 것.

코트니의 에세이를 읽은 아침, 나는 많은 선물을 받았다. 나만의 장미창을 통해 해가 뜨는 세상을 본 것. 친구의 고무적인 글과 함께 낯선 사람이 보내준 친절한 편지를 읽은 것. 계단을 내려가 커피를 끓이고 다시 작업실로 올라와 이 글을 시작할 만큼의 체력과 정신적 역량을 갖고 있는 것. 이 책의 제목이 된 한 줄을 발견하게 된 것 등. 그리고 지옥에서 볶은 커피를 천국에서 마시면서 스스로 웃음을 짓기도 했다. 영혼의 양식은 유머로 발효되지 않으면 복통을 일으킨다.

코트니에 따르면 그녀의 딸은 "세상이 즐겁게 하리라는 크고, 분별없는 기대 하나만 가지고 세상으로 나아간다". 16개월짜리 마야처럼, 나도 여든 줄에 들어서면서 오직 하나의 기대를 가지고 세상에 나아가고 싶다. 세상이 나를 즐겁게 할 수 있음을 알 만큼 나이가 들었기 때문에, 내 기대는 세상이 아닌 나 자신을 향해 있다. 즉, 삶의 선물을 즐기는 것 그리고 감사하는 것이다.

# 내 삶에 의미가 있는가?

(…) 내가 쓴 모든 것은 내게 지푸라기처럼 보이네.

이것은 토마스 아퀴나스(가톨릭 신자에게는 성 토마스 아퀴나스)가 한 말이다. 그는 서양세계에서 가장 영향력 있는 신학자이자 철학자 가운데 한 명이다. 그는 1274년 죽기 세 달 전에 위와 같이 말했다.[5]

아퀴나스는 모든 사람에게 제기되는 질문 하나를 가지고 씨름하고 있었다. 부모든, 배관공이든, 교수든, 아퀴나스의 명성이나 역사적인 영향력을 결코 가질 수 없는 우리 같은 보통 사람이든 누구라도 그로부터 자유로울 수 없다. 그 질문은 모든 연령대의 어른들이 던지는 것이지만, 아마도 자기가 살아온 세월이 조금이라도 가치 있는 걸까 궁금해하는 노년에 가장 절박하게 제기되지 않을까 싶다. 그 질문이란, '내 삶에 의미가 있는가'이다.

노년으로 깊이 접어들수록, 이 물음은 젊었을 때보다 더 자주 떠오른다. 때로 나는 적어도 어떤 부분에서는 사적 삶과 공적 삶에서 의미 있는 기여를 했다고 확신할 수 있다. 그러다가도 내가 한 모든 일이 지푸라기처럼 엉성하고 불타 없어지기 쉬운 듯이 보이기도 한다.

자기 삶에 좀처럼 의미가 없다고 느낀다면, 타인이 나를 아무리 너그럽게 품고 안심시켜줘도 별 소용이 없다는 것을 우리는 잘 안다. 삶의 의미를 묻는 질문에 우리는 스스로 답해야 한다. 2016년 5월 12일 화요일 오전 5시 15분까지 나는 그렇게 생각했다.

그날 나는 여느 때처럼 커피와 시 읽기로 하루를 시작하고 있었는데, 노벨문학상 수상자인 폴란드계 미국 시인 체스와프 미워시의 작품 「사랑」을 발견했다. 그 시를 읽고 또 읽으면서, 나는 '내 삶에 의미가 있는가?'라는 질문을 아무리 곰곰이 되씹는들 어떠한 결론에도 이르지 못한다는 것을 알게 되었다. 내가 스스로에게 '좋아요'를 누르든 '싫어요'를 누르든 그 질문의 핵심에는 내 오랜 천적인 우쭐대는 자아가 만들어낸 결함이 있다.

그 시는 이렇게 시작된다. "사랑이란 당신 자신을 바라보는 법을 배우는 것 / 멀리 있는 사물들을 바라보듯이 / 당신은 만물 가운데 하나일 뿐이니까."[6]

아, 그렇다. 이제 생각난다. 나는 어떤 사람의 태양계 한가운데 있는 태양이 아니라는 것. 스스로를 거기에 두려고 안달하면서, 나는 특별하고 내 인생도 어떤 특별한 의미를 지녀야 한다고 우긴다면, 아마 절망 또는 망상 속에서 죽을 것이다. 내가 "만물 가운데 하나일 뿐"이라는 것, 미워시가 이어지는 구절에서 말하듯 새와 나무보다 더 중요하지도 덜 중요하지도 않다는 것을 이해할 때, 평화는 찾아온다.

새와 나무에 대해 많은 것을 알지는 못하지만, 이것 하나만큼은 확실히 안다. 그들은 삶에 의미가 있는지에 대해 궁금해하거나 걱정하지 않는다. 그들은 있는 그대로의 존재다. 미워시가 쓰듯이, 그들은 자신들을 예찬하며 올려다보는 이들에게 '친구'라고 말한다. 그들은 자연계가 무상으로 베푸는 선물을 보는 것만으로 마음이 고양되는 나 같은 사람에게 친구가 되어 준다.

미워시는 말한다. "그렇게 바라보는 이는 자기 마음을 치유하네 / 여러 질병으로부터, 자기도 모르게." 이것은 바로 내가 여러 번 경험한 바이기도 하다. 삶의 중요성을 알아차리고 그 힘으로 마음을 회복하려면, 숲이나 산 속을 또는 해변을 따라 혹은 사막을 걷는 것만큼 좋은 게 없다. 그런 곳에서는 자연의 만물이 나를 위로하고 고양시킨다. 거기서 나는 내가 "만물 가운데 하나일 뿐"이라는 앎에 다다른다.

물론 동물과 식물은 자기들이 단지 거기에 있음으로써 우리 삶을 고양시킨다는 사실을 알지 못한다. 바로 이것이 그런 작용을 탁월하게 해낼 수 있는 한 가지 이유다! 반면에 우리 인간 종은 이 세상에서 늘 스스로를 의식한다. 우리가 어떤 결과를 겨냥해 노력을 기울일 수 있고, 올바르게 수행하면 원하는 결과를 얻을 수 있다는 환상으로 스스로를 부추긴다.

그렇게 해서 고통스러운 세상이 펼쳐지는데, 자칫하면 "내 삶에 의미가 있는가?"라는 질문은 우리를 그쪽으로 몰아갈 수 있다. 내 목표가 아무리 분명하고 내 기술이 아무리 탄탄해도, 내가 종국에 누구에게 도움을 주거나 무엇에 기여하는지는 종종 모르며 알 수도 없다는 것, 이것이 진실이다.

오래전에 했던 어느 강연이 떠오른다. 청중에게 한 수 보여줘야지 했는데, 별로 깊은 인상을 남기지 못했다. 강연이 끝났을 때 아주 짧고 미지근한 박수가 의례적으로 나온 것만 봐도 알 수 있었다. 젊을 때라, 실패의 쓴맛을 뱉어내는 데 몇 주가 걸렸다. 몇 년 뒤 정말로 우연히 그 강연을 들었던 한 사람을 만나게 되었다. "만나서 반가워요." 그가 말했다. "선생님 강연 덕분에 내가 가르치는 방법을 얼마나 바꿨는지, 그리고 그 변화가 나와 학생들에게 얼마나 좋은 것이었는지를 꼭 말씀드리고 싶었어요."

그의 말은 삶의 의미를 지시하거나 통제할 수 없을 뿐 아니라, 그것을 알지 못하며 알 수도 없다는 점을 강력하게 상기시켜준다. 미워시를 다시 인용하자면, "자기가 무엇에 기여하는지를 아는지 모르는지는 중요하지 않다". 통제할 수 있는 것은 내 의도, 그리고 과시하지 않고 온전히 기여할 수 있도록 나 자신을 그들에게 기꺼이 내어주겠다는 마음뿐이다.

시인은 말을 이어간다. "최고의 기여자라고 해서 늘 이해하는 것은 아니다." 이런 말이 해방감을 주는 까닭은 세 겹의 신비로 둘러싸인 삶에는 너무 많은 것이 담겨 있기 때문이다. 무엇을 왜 하는지 정확하게 알고 있다는 확신이 들면, (그래서 실제로 무엇이 필요하고 무엇을 제공해야 하는지에 관한 결정적인 실마리를 놓치고 있다면) 그것은 내 에고가 작동 중이고 그러므로 위험하다는 신호다. 내가 내놓을 수 있는 최상의 것은 더 심오하고 직관적인 장소, 즉 영혼이라고밖에 부를 수 없는 데서 우러나온다. 내가 무엇으로 누구에게 기여하는지를 정확히 알 길이 없다는 사실을 받아들이면, 내 말과 행동은 에고의 지배에서 자유로워질 수 있다.

미워시의 시에는 자기 자신과 세상의 만물을 "완숙함의 불빛 안에 서도록" 허락하는 것에 대한 아름다운 말이 이어진다. 그것이 정확히 무슨 뜻인지 내게 묻지 마라. 나도 잘 모르니까. 그러나 이것만큼은 안다. 내가 태양이 아니라는 것을 이해하기만 하면, 햇빛을 가로막으면서 그림자를 드리우는 일을 멈출 수 있다는 것. 한 발짝 물러나서 햇빛이 모든 사람과 만물을 비추도록 할 수 있다는 것. 그래서 생명의 빛으로 만물을 무르익게 할 수 있다는 것. 바로 이것이 미워시가 말하는 사랑의 궁극적인 정의라고 나는 생각하며, 그런 풀이는 큰 도움이 된다.

나는 지금 '내 삶에 의미가 있는가?'라는 질문을 던지거나 그에 대해 답할 필요가 없다는 생각에 편안하게 머문다. 내가 할 일은 여럿 가운데 하나로 최선을 다해 살아가는 것뿐이다. 태양 아래 서서 자신과 타인들이 생명과 사랑으로 성숙해갈 수 있도록 돕기를 희망하면서 말이다.

며칠 또는 몇 주 후에 중대한 질문이 내게 다시 떠오르고 그에 대해 내가 '그렇다' '아니다' 식으로 답을 찾으려고 허우적거린다 해도, 나는 놀라지 않을 것이다. 미워시의 시가 내게 준 것과 같은 탈옥으로 치자면, 나는 일생토록 상습범이다.

우쭐대는 자아를 굴복시켜 모험하기 좋아하는 영혼을 자유롭게 하기란 쉽지 않다. 그러나 그렇게 하려고 애쓸 때마다, 우리는 비탄에서 벗어나 세상에 멋지게 기여할 수 있다. 그러니까 어느 날 내가 길거리에서 "만물 가운데 하나일 뿐, 만물 가운데 하나일 뿐"이라고 조용히 중얼거리는 것을 당신이 본다면, 내가 아직 그 일에 공을 들이고 있다고 생각하면 된다. 또는 그 일이 아직 내게 공을 들이고 있거나.

# 진실을 향해 시들어가기

## 세월과 함께 찾아오는 지혜

이파리는 많아도, 뿌리는 하나
거짓으로 보낸 젊은 시절 동안
햇빛 아래서 잎과 꽃들을 흔들어댔지
이제 나는 진실을 향해 시들어가네
– 윌리엄 버틀러 예이츠7

매년 친구들이 내 생일 선물을 무엇으로 해야 할지 모르겠다고 할 때면, 나는 늘 예전에 그들에게 들려준 오래되고 짓궂은 농담으로 대답한다. 그들은 한숨을 짓고, 눈동자를 굴린 다음, 화제를 바꾼다. (이것은 나이가 들면서 주어지는 특권이다. 같은 말을 너무 자주 되풀이해서 친구들이 나를 약간 미쳤다고 생각하도록 하는 것 말이다. 사실은 원치 않는 대화를 받아넘기는 것이지만.)

질문: 모든 것을 가진 사람에게 무엇을 주겠는가?
답: 페니실린.

나는 물질적인 선물을 필요로 하지 않는다. 그러나 근 80년을 살아오며 배운 몇 가지를 기억해야겠다. 여기 나 자신에게 선사하는 생일 선물로 여섯 가지 교훈의 묶음이 있다. 이 가운데 한두 가지라도 당신에게 선물이 된다면, 나는 다음번 생일을 한결 기쁘게 맞을 것이다.

1. 이 글 첫머리에 인용한 예이츠의 시는 내가 잊고 싶지 않아 하는 무언가에 이름을 지어준다. 나이듦을 적극적으로 끌어안으면 "거짓으로 보낸 젊은 시절"을 넘어 "진실을 향해 시들어"갈 기회가 열린다. 시들어가는 것을 보톡스로 막으려는 유혹에 저항한다면 말이다.

내 젊은 시절의 '거짓말들'은 의도적인 게 아니었다. 사실인즉, 나 자신과 세상 그리고 그 둘 사이의 올바른 관계에 대해 충분히 알지 못했을 뿐이다. 그래서 그런 주제들에 관해 내가 했던 말은, 종종 내 에고라는 악명 높은 거짓말쟁이로부터 나온 것이었다. 내가 누구인지에 대한 영적 진실(즉, 어둠과 빛의 복잡하고 헷갈리는 혼합물)을 받아들이자면, 내 에고는 쪼글쪼글해질 수밖에 없었다. 나이는 사람을 가장 쉽게 주름지게 만든다. 이 모든 주름은 그래서 생긴 것이다.

이 정도나마 내가 다다른 진실성은, 자신을 정직하게 직면할 용기를 내도록 하는 영적 훈련에서 온 것이 아니다. 그것은 패배를 인정하고 "그래, 나는 완벽함과는 거리가 한참 멀지"라고 말할 정도로 에고가 깨지고 삶에 의해 거름이 되는 경험에서 온 것이다.


2. 수많은 사람에게 그러하듯, 내게도 시는 구원의 힘으로 다가온다. 라이너 마리아 릴케, 메리 올리버, 웬들 베리, 나오미 시하브 네이, 윌리엄 스태퍼드, 제러드 맨리 홉킨스 같은 시인이 떠오른다. 그들은 물에 빠져 죽지 않도록 해주는 구명조끼이고, 산소가 부족해 생명이 위태로운 고지대까지 오르지 못하도록 붙잡아주는 무게 중심이며, 황야에서 길을 잃지 않도록 도와주는 지도다. 훌륭한 시인들은 "진실을 말하되 비스듬히 말하라"는 에밀리 디킨슨의 조언을 잘 알아들었나 보다. 직설로 던졌다면 내가 회피했을 법한 메시지를 살금살금 기어와서 전달하는 방법을 알고 있으니 말이다.[8]

나는 시를 읽을 뿐 아니라 쓰기도 하는데, 그 일은 내가 아는 바 최고의 자기 치유법 가운데 하나이기 때문이다. 아래 시는 여러 해 전 쟁기질

된 밭을 지나 시골길을 터벅터벅 걸어내려가는 동안 떠오른 작품이다. 그 때 나는 오늘로 내 삶이 끝나는 게 아닌가 생각하며 깊은 우울에 빠져 있었는데 그 시는 내가 삶으로 돌아가는 길을 찾는 데 거듭 도움을 주었다.

## 써래질

쟁기가 이 감미로운 땅을 무참하게 휘저어놓았네
기형의 흙덩어리들이 파헤쳐지고
바위와 뒤틀린 뿌리들은 밖으로 드러났으며
지난해에 자라난 것들은 쟁기의 칼날로 난도질당했네

나도 이런 식으로 인생을 쟁기질해왔지
잘못된 것의 뿌리를 찾아서
모든 역사를 뒤집어엎었네
내 얼굴이 피폐해지고 고랑 같은 주름이 지고 상처가 날 때까지

충분해. 일은 마무리됐어
뿌리 뽑힌 게 무엇이든
앞으로 올 것이 자라날 것의 못자리가 되도록 하라
나는 지난해 벌어진 일들의 이유를 파헤치려고 쟁기질했지

'써래질'은 서양의 문헌 전통에서 별다른 위치를 차지하지는 못한다. 그러나 내가 죽을 것 같은 어둠에서 "재생의 계절"로 떠오르는 데 도움이 된 만큼, 내게 그 단어는 고전적이다.

3. 열 권의 저서와 수백 편의 에세이를 통해 나는 수십만 개의 문장을 썼는데, 그중 어떤 것은 거삼나무를 감쌀 정도로 길다. 그러나 내가 쓴 문장 가운데 가장 중요한 것은 아마도 한 단어 "됐어enough"일 것이다.

적절한 상황에서 말했을 때 그 단어는 영혼을 보호해주며, 나이가 들수록 그 말이 쉽게 나온다. 요즘엔 생기를 불어넣어 주지 않는 것에 대해서 나는 주저하지 않고 "됐거든"이라고 말한다. 광란, 과로, 개인적 편견, 건강하지 않은 관계, 사회적 잔인함이나 부정의, 종교계에서 정치계에 이르는 무모한 권력 행사, 인종주의, 성차별주의, 제노포비아, 미국의 정치를 병들게 하는 비밀 파시즘 등에 대해서 말이다.

젊었을 때는 "됐어"라고 말하는 데 위험부담이 뒤따를 것만 같았다. "이만하면 됐으니 그만"이라고 말하느라 호의, 친구, 평판, 돈, 그리고 생계를 잃어버린 사람들을 나는 알고 있다. 그러나 노년의 관점에서는 위험부담이 다르게 보인다. 소중한 것들을 잃어버릴지 모른다는 위험부담이 두렵기보다는, 내 안의 그리고 나를 둘러싼 최악의 충동들에 굴복하면서 나이 드는 것이 더욱 두렵다.

나는 물질적인 필요가 대체로 충족되는 운 좋은 사람 가운데 한 명으로, 생존에 필요한 것들 때문에 아등바등하지 않아도 된다. 나 같은 사람에게, 노년에는 목소리를 낮추고 안전하게 말해야 한다는 생각은 책임 회피라고 할 수 있다. 우리가 소중하게 생각하는 것들을 위해 분노하고 항의할 수 있는 사람들은 그렇게 해야 한다. 자유란 대가를 고려할 필요가 없다는 말에 다름 아니니까 말이다.

4. 내가 소중하게 여기는 것 가운데 하나는 젊은 세대와 그들이 진입하는 세계, 그들이 다시 만들어가는 어떤 세계다. 그들을 소중하게 여기는 일이 또한 나 자신의 행복을 돌보는 일임을 깨닫는다.

심리학자 에릭 에릭슨은 노년에 이르는 길에 우리는 '생산성generativity'과 '정체stagnation' 사이의 중대한 선택에 직면한다고 말했다.[9] 생산성이란 창조성 이상의 무엇이다. 그것은 떠오르는 세대에게로 눈을 돌려 그들에게 유용한 것을 제공하는 것, 그리고 훨씬 더 중요한 점은 그들에게서 배우는 것이다. 나는 할 수 있는 한 젊은이들과 대화하고 함께 일하는데, 언제나 그로부터 얻는 것이 있다.

몇 년 전에 나는 내 나이의 절반도 안 되는 젊은이들과 집에서 이틀 동안 모임을 가졌다. 그들은 자신이 서 있는 자리에서 세계가 어떻게 보이는

지에 대해 말했고, 나는 경청했다. 그러던 중 나는 이렇게 말했다.

우리가 완만하게 구부러진 지구 표면에 서 있다고 비유해보고 싶네요. 나는 그 만곡의 중간쯤에 있는데, 여러분은 꼭대기에 서서 내가 볼 수 없는 지평선을 보고 있는 것 같아요. 여러분이 무엇을 보는지 알아야겠어요. 그 지평선 위에 있는 것은 나한테도 오고 있으니까요. 그게 뭔지 알려줘요. 말할 때는 크고 분명하게 목소리를 내주세요. 내가 잘 들을 수 있도록!

내 또래들에게 건네는 힌트 한 가지: 앞으로 '난 이제 한물갔어'(영어 표현은 '나는 언덕을 넘어갔어I'm over the hill')라는 생각이 들면, 스스로에게 이렇게 말하라. "아냐, 난 지구 표면에서 만곡의 한참 아래쪽에 서 있을 뿐이지."

5. 내가 아는 노인들은 대부분 오랫동안 수집한 물건들, 한때는 유용했지만 이제는 이사 다닐 때 걸림돌이 되는 것들을 처분하는 데 애를 먹는다. 우리 집 지하실에는 어린아이들이 몇 시간 동안 길을 잃어버릴 수도 있을 만큼 여러 구역이 있다.

그러나 내가 노년에 정말로 버리고 싶은 고물은 심리적인 고물이다. 한때는 내 삶에 의미를 주었지만 이제는 도움이 되지 않는 오랜 확신 같은 것 말이다. 예를 들어 지난 반세기 동안 내 정체성의 일차적 근원이 되어주던

'일'을 더 이상 하지 않게 될 때, 나는 무엇이 될 것인가?

그런 시점에 이르기 전까지는 알 수 없을 것이다. 그러나 그날을 향해 가면서, 나는 내게 이미 새로운 의미를 가져다준 질문을 발견하게 되었다. 나는 더 이상 이렇게 묻지 않는다. "무엇을 놓고 싶고, 무엇을 붙잡고 싶은가?" 대신에 이렇게 묻는다. "무엇을 놓고 싶고, 무엇에 나를 내어주고 싶은가?"

'붙잡고 싶은' 욕망은 결핍과 공포감에서 온다. '나를 내어주고 싶은' 욕망은 풍요로움과 너그러움에서 온다. 바로 그것을 향해 나는 시들어가고 싶다.

6. 머지않아 "진실을 향해 시들어가는 것"은 죽음에서 끝이 날 것이다. 죽음은 시듦의 궁극적 형태이고 어쩌면 진리의 궁극적인 근원이다. 누가 알겠는가? 아마도 죽음은 시인 루실 클리프턴이 자기 남편의 죽음에 대해 쓴 놀라운 시에서 묘사되는 것과 같은 것일지도 모른다.

프레드 클리프턴의 죽음

1984년 10월 11일

49세

나는 자신의 중심으로

끌려들어가는 듯했지

나의 가장자리를

아내의 손에 남기고서

그리고 나는 정말이지 놀라울 만큼 명료하게 보았네

그래서 내게 눈 대신

시력만 있었고

또한 나의 피부 위아래로

떠오르고 휘도는 사물들

주변에는 온통 사물의 형태 대신

오, 마침내 사물들

그 자체만이 남았지[10]


죽음으로부터 무엇을 배울 것인지에 관해서는 아는 바가 없다. 다만 이것 하나는 확실히 안다. 이 행성에 도착했을 때 내가 떠나온 곳에 대한 나쁜 기억은 없고, 따라서 떠날 때 어디로 갈지에 대한 두려움을 가질 이유도 없다는 것이다.

게다가 나는 내가 어디로 가는지를 정확하게 안다. 바로 미네소타와 온타리오의 경계(북위 48도, 서경 91도)를 따라 올라가는 바운더리워터스카누에어리어로, 내가 지난 20년 동안 여름의 끝을 보낸 야생의 거룩한 장소다. 거기에 갈 때마다 나는 '이곳이 천국이다'라고 생각한다. 남은 일은 어떻게 카누를 가지고 갈 것인가를 궁리하는 것뿐이다.

천국의 정확한 위도와 경도를 나는 알지 못한다. 그러나 이런저런 길을 따라, 우리는 모두 결국 자연이라는 엄마의 품으로 갈 것이다. 마치 우리 원자들이 자신의 근원이 되는 것들과 재결합하듯 말이다. 이 명백한 사실에서 오는 위로가 필요할 때, 내가 해야 할 일은 무엇인가. 숲 속을 더 걷는 것, 산속으로 하이킹을 떠나는 것, 대양을 따라서 거니는 것, 사막을 트래킹하는 것 등이다. 그 형언할 수 없는 아름다움, 놀라운 은총이여!

# 그랜드캐니언

겹겹의 층을 이룬 땅이 솟아올랐다고 하더군

아주 오래되고 거대한 바위

그 결을 따라 아로새겨진 세월의 흔적

대지의 덩어리를 태양 쪽으로 들어올리고

흐르는 물은 바위를 깎아내렸네

이 숨막히는 공허 주위로

이 땅이 알아왔던 것보다

훨씬 더 경이롭게

이처럼 여러 층의 벽을 남기고

지나간 세월을 드러내면서

내 인생도 이렇게 여러 겹으로 솟아올랐지
하루하루 한 해 한 해
화석과 퇴적물
살았던 시간과 살지 못했던 시간의 증거를 남기면서
지루함과 고뇌 그리고 기쁨
그 모든 것은 마음 깊은 데서 우러나오는 생기가
끊임없이 밀어올리는 것
내가 죽을 그날까지

그리고 영혼은 흐르는 물처럼 그 모든 것을 깎아내리네
이 공허로 무언가를 빚어내면서
그리하여 내면의 눈은 볼 수 있지
겹겹이 솟아오른 협곡의 벽들
그 색깔, 결, 모양
지나온 모든 삶이 그 아름다움 속에서 회복되네
어둠 그리고 빛, 거짓과 진실이 구원받네
저 깊은 아래엔 강물이 살아서 달려가지
나의 여러 부분을 더 깊게 깎아내리면서
무덤에 묶여 있는 마음을 부활시키네

만물을 끊임없이 새롭게 하면서

- 파커 파머

# 2장

# 젊은이와 노인

세대의 춤

이십대 중반부터 나는 나보다 어린 사람들과 일하는 행운을 누렸다. 내가 대학에서 처음 강의를 시작했을 때, 학생들과의 나이 차이는 불과 몇 살 되지 않았다. 그러나 설명할 수 없는 이유로 시간이 흐를수록 나이 차가 점점 벌어졌다. 지난 30년 동안 워크숍과 피정의 진행자로서, 나는 스무 살에서 마흔 살 정도 어린 사람들과 함께 일할 때가 많았다. 이렇듯 세대를 넘어선 관계가 없었다면, 내 인생은 훨씬 더 빈곤했을 것이다. 그리고 생기의 원천을 빼앗긴 채 나이가 들어갔을 것이다.

젊은이와 노인이 만날 때, 그것은 건전지의 양극을 연결시키는 일과 비슷하다. 나이로 분절된 사회가 단절시킨 개인적·사회적 변화를 위한 에너지를 함께 생성할 수 있다. 우리를 갈라놓은 사회적 조건은 당분간 바뀌지 않을 것이다. 그러나 우리 노인들은 젊은이들에게 손을 내밀 수 있다. 그들 가운데 많은 이는 우리가 그들의 두려움, 꿈, 그리고 미래에 관심을 가져주기를 갈망한다.

이 장의 첫 번째 에세이 「멘토링의 음악」은 나의 멘토링 경험에서 나온 것이다. 그 뿌리는 내가 멘티로서 지낸 젊은 시절로 거슬러 올라간다. 당시 내 멘토가 되어준 인생 선배들은 내 인생을 빛내며 내가 길을 찾도록 도와주었다. 삼십대 중반까지 내 인생에서 멘토들은 계속 등장했다. 그 이후엔 더 이상 나타나지 않았다.

나는 그 사실에 얼마 동안 슬퍼했다. 그러다가 그 평범한 탄식 속에 숨어 있는 비밀을 깨달았다. 이제는 내가 멘토로서 아래 세대에게 봉사함으로써 그동안 받은 것을 갚을 차례였다. 그리고 또 다른 비밀도 발견했다. 젊은이들이 피어나도록 도울 때, 그들은 그 호의를 되돌려준다는 사실을.

「인류가 되신 것을 환영합니다」는 내 친구이자 동료인 코트니 마틴에게 보낸 편지다. 몇 년 동안 그녀와 나는 온빙스튜디오On Being Studio의 온라인 주간 칼럼니스트로 글을 썼다. 한 주는 그녀가 삼십대 중반의 사람들, 특히 여성들이 '목적'에 대한 질문을 둘러싸고 씨름하는 것에 대해 내게 공개서한을 썼고, 그에 대한 답신으로 나를 초대했다.

「안에서 밖으로 나아가는 삶」은 콜로라도주 볼더에 있는 나로파대학에서 2015년에 했던 졸업식 연설이다. 나는 졸업축사를 그리 즐기지 않는다. 마치 불청객으로 참석한 어떤 파티에서, 사람들이 내게 공손하긴 하지만 나를 그 자리에 없어도 좋을 것 같은 존재로 여기는 기분이 들어서다. 내 진짜 임무는 파티가 시작될 수 있도록 자리를 비켜주는 일임을 의식하면서 나는 주인이 요청한 일을 최선을 다해 수행한다. 그러나 나로파대학 졸업식에서는 정말로 환대받는 느낌이었고, 그것은 세대 사이에 어떤 전기電氣가 발생하도록 돕는 또 다른 기회가 되었다.

「11월 22일」은 케네디 대통령 암살 45주기에 쓴 글이다. 1963년의 그날, 나는 스물네 살의 버클리대학 대학원생이었다. 그 뉴스를 접했을 때 어디에 있었는지 정확하게 기억한다. 텔레그래프가의 코디 서점이었다. 그 순간, 나는 젊은이의 나이브한 인생관에서 벗어나 좀더 비극적인 관점으로 여행을 시작했다. 광기 너머의 의미를 찾아나선 것이다.

# 멘토링의 음악

매년 봄, 졸업축사 연사들은 전국을 횡단하며 졸업생들에게 말을 건넨다. "앞으로 우리 희망은 여러분의 손안에 있습니다." 그 연사들에게 드릴 간곡한 메시지가 있다. 신의 이름으로 부탁하건대, 제발 그런 말은 하지 말아주길.

미래에 대한 책임을 젊은 세대에게 모두 지우는 것은 불공정하다. 결국 그들이 직면하는 문제는 일정 부분 우리 기성세대가 저질러놓은 것이다. 애석하게도, 젊은이들만이 다음에 장래의 일들을 도맡아야 한다는 건 사실이 아니다. 우리 미래는 우리(젊은이와 노인들) 손안에 있다. 공동의 삶이 좀더 많은 연민과 창의성과 정의로움으로 가득 차게 하려면, 여러 세대가 함께 힘써야 한다.

노인들은 트랙을 모두 돌고 나서 젊은이들에게 '바통을 넘기는 것'에 대해 그만 이야기하자. 우리는 대부분 뛰기보다 앉아 있는 데 더 능숙하니까, 비유를 바꿔서 젊은이들을 초대해 오케스트라에 합류시키자. 우리가 함께 앉으면, 기성세대는 젊은이들이 악기 연주를 배우는 데 도움을 줄 수 있고, 그들은 우리가 떠오르는 세계의 노래를 배우는 데 도움을 줄 수 있다. 그들이 그 노래를 우리보다 더 분명하게 듣기 때문이다. 우리는 지금의 불협화음보다 더 사랑스럽고 생생한 무언가를 함께 작곡할 수 있으며, 부조화가 일부 존재할지라도 그것이 전체를 지배하지는 않는다.

올리버 웬들 홈즈가 말했듯이, 많은 사람은 "자기의 모든 음악을 자기 안에 품고 죽는다".[1] 내가 그 슬픈 운명으로부터 구원받을 수 있었던 것은, 젊었을 때 내게 손을 뻗어 나만의 음악을 발견하고 그것을 연주하는 법을 배울 수 있도록 도와준 여러 멘토 덕분이다. 이제 나는 그 선물을 자기 노래가 들려지기를 기다리는 다음 세대에게 넘겨줄 차례다. 가까이에서 젊은이들과 만날 수 있는 노인들은 누구나 그런 기회를 지니고 있다.

사람들에게 자신의 위대한 멘토에 대해 말해달라고 하면, 그들은 늘 내가 나의 멘토에 대해 말해온 것과 비슷한 대답을 한다.

제 멘토들은 제 안의 것들을 저보다 더 많이 보아주었습니다. 그들은 그 '더 많은 것'을 여러 방식으로 북돋았습니다. 도전하고, 격려하며, 실패가 삶의 일부임을 이해하도록 도와주었죠. 그러고는 저를 위해 문을 열어주거나, 적어도 문이 어느 쪽에 있는지 일러주었습니다. 그 문들을 기꺼이 통과하고자 할 때, 저는 목적과 의미를 발견했습니다. 멘토가 인생을 바꿔준 것입니다.

나이와 경험은 내게 멘토링이 일방통행로가 아니라는 것을 가르쳐주었다. 그것은 두 사람이 서로의 잠재력을 일깨워주는 상호작용이다. 신학자 넬 모턴의 표현을 빌리자면, 멘토링은 "서로의 말을 듣는 것"이다.[2] 그에 못지않게 중요한 것으로, 멘토링은 우리의 취약함과 상호 필요를 존중하는 관계 속으로 서로를 초대하도록 기회를 엮어준다.[3] 멘토링은 멘토가 주는 만큼, 혹은 종종 더 많이, 멘티와 주고받는 선물이다.

우리는 연장자로서 젊은이들에 줄 선물을 갖고 있음을 알고 있거나, 알아야 한다. 많은 경우, 우리는 그들이 있는 곳에 있었고, 그들이 하고 있는 일을 했다. 우리는 주저앉았다가 다시 일어섰고, 실패로부터 배웠으며 그 이야기를 해줄 수 있을 만큼 오래 살았다. 그리고 몇 가지를 바로잡기 위해 뭔가를 해왔다. 우리 이야기를 젊은이들과 나눌 수 있는 순간이 오면, 우리는 그들이 일과 삶의 덤불을 뚫고 길을 찾아가도록 도울 수 있다.

학생들의 학습이 가장 잘 이뤄질 수 있는 조건에 대한 교수 워크숍을 하루 동안 이끈 적이 있다. 점심시간에 일곱 명의 교수와 함께 앉았는데, 모두 남자였다. 한 사람이 자기가 대학 시절 아버지가 바라던 의과대학에 가기 위해 이수해야 하는 유기화학 과목에 낙제해서 난관에 부딪혔던 이야기를 꺼냈다. 그는 이렇게 말했다. "그때가 제 젊은 시절 가장 충격적인 순간이었죠. 그렇지만 그 덕분에 문학 쪽으로 전공을 바꿨고 영혼이 풍부해졌답니다."

나를 포함해서 그 테이블에 있던 모든 사람이 젊은 시절의 실패가 성취로 바뀐 일화를 갖고 있었다. 그들이 다시 워크숍으로 돌아갈 준비를 할 때, 나는 물었다. "여러분 가운데 '창조적인 실패'의 이야기를 학생들에게 들려준 분이 얼마나 있나요?"

아무도 손 들지 않았고, 나는 말했다. "강의실에는 자기 삶의 어떤 영역에서, 어쩌면 여러분의 과목에서 실패하고 있다고 느끼는 학생들이 있을 겁니다. 여러분의 이야기는 그들이 반짝이는 희망의 빛을 붙잡는 데 도움이 될 수 있습니다. 그러니 분위기가 무르익으면 꼭 들려주세요."

우리 노인들은 젊은이들에게 줄 선물을 갖고 있다. 하지만 젊은이들은 자기들이 우리에게 무슨 선물을 줄 수 있는지 모를 때가 많다. 예를 들어 이런 것이 있다. 나이 많은 사람들은 멘토링을 요청받으면, 우리가 한물갔고 게임에서 퇴장당했다는, 그래서 젊은이들이 우리를 하찮게 여긴다는 두려움이 누그러지는 것을 느낀다. 젊은이들은 이것을 거의 이해하지 못한다. 이십 대의 젊은이들은 나처럼 자기들보다 거의 네 배의 세월을 살아온 사람에게 "당신에게서 배우고 싶다"고 말해주는 게 얼마나 큰 힘이 되는지를 거의 알지 못한다.

또한 젊은이들은 에너지, 비전, 그리고 희망이라는 선물도 준다. 이는 나도 알지 못하는 사이에 힘든 경험들이 도둑질해간 것이다. 또한 내가 곤란

하다고 여기는 문제들을 그들이 떠맡아 전혀 새로운 각도에서 접근하는 것을 보면, 냉소주의가 가라앉기도 한다. 나는 '그들과 함께 갈 수 있다면, 한 번 더 돌파구를 향해 밀어붙일 수 있겠구나'라고 생각한다.

"우리가 저지른 실수를 젊은이들이 되풀이하지 않도록 해야 한다"고 말하는 노인들에게 나는 동의하지 않는다. 그들은 실수를 하겠지만, 우리가 저지른 것과 똑같이 하지는 않을 것이다. 그들은 우리가 아니고, 그들의 세계는 우리가 살아온 세계가 아니며, 그들은 젊은 날의 우리보다 더 현명할 수 있다.

그러니 젊은이들이 물러서는 것이 아니라 나설 수 있도록 도움을 주는 방향으로 우리의 경험을 그들과 공유하자. 그리고 그들이 "그래도 도전할" 때 그들과 함께 나란히 걸어가자. 『그래도 도전하라』는 코트니 마틴이 쓴 훌륭한 책의 제목이기도 하다.[4] 그 책에는 전문가들이 불가능하다고 말할 때조차 필요한 일에 뛰어든 젊은 활동가 여덟 명의 이야기가 담겨 있다. 사회 변혁의 주도자들이 언제나 그러하듯이, 우리는 그들이 넘어질 때 자기 나름의 방식으로 해내는 것을 바라봄으로써, 그들이 다시 일어서도록 돕고 격려할 수 있다. 어쩌면 그들의 다음번 시도는 전문가들이 바보 같다는 게 밝혀지는 흐뭇한 순간이 될 것이다.

젊은이들이 우리 노인들에게 줄 수 있는 선물에 대해 할 수 있는 이야기는 훨씬 더 많은데, 마치 그들과 우리 사이에 겉으로 드러나는 것보다 깊이 내재한 공통점이 더 많다는 듯, 많은 젊은이가 우리 사이의 차이를 무심코 넘어서 걸어간다는 것이다. 물론 우리도 그렇게 걸어간다.

그러나 젊은이들이 우리에게 제공하는 선물을 모두 나열하기보다는, 종종 눈에 띄지 않고 칭송받지 못하는 또 한 가지를 명명함으로써 이 글을 마치려 한다. 우리 나이 대의 많은 사람과 달리, 나와 함께 일하는 젊은이들은 기성세대의 삶을 형성한 종교, 교육, 직업, 정치 구조 등 '낡은 질서'의 붕괴를 안타까워하느라 시간을 낭비하지 않는다. 오늘날의 젊은이들이 태어났을 때, 이들 제도의 상당 부분은 역기능을 드러내기 시작했다.

내가 아는 많은 젊은이는 효능을 잃어가고 있거나 이미 맛이 간 것들을 탄식하는 대신, 위대한 희망을 간직한 일과 삶의 형식(정치운동에서 종교생활 그리고 의미 공동체에 연결되는 것에 이르기까지)을 발명하고 있다. 그들은 또한 독자적인 경력을 개발하고, 대안적인 일터를 창조한다. 그렇게 함으로써 사람들에게 엄격한 역할을 강요하고, 직원들을 기계로 대체 가능한 톱니 취급하는 기업으로부터의 자유를 선언한다.

그러한 자유는 그들로 하여금 자신의 재능과 비전, 그리고 그런 비전을 실현하는 데 필요한 관계에 충실하도록 해준다. 우리에게 더 이상 도움이 되지 않는 것의 상실에 연연하지 않는 이들과 어울리다 보면 여러 영감을 얻게 된다. 그들은 젊은이와 기성세대가 힘을 모아 탄생시킬 수 있는 가능성을 탐구하고 있기 때문이다.

이 에세이를 쓰는 동안 나의 멘티 가운데 한 친구는 내가 1997년에 쓴 책 『가르칠 수 있는 용기』에서 멘토링에 대해 언급한 부분을 상기시켜주었다. (바로 이것이 젊은이가 노인에게 주는 또 다른 선물이다. 그들은 기억 은행의 보조자로 봉사해준다.) 영어 선생님들이 말하는 것 이외의 방식으로도 은유를 조합할 만큼 나이를 먹었으니, 그 책을 인용해 젊은이들을 우리 노인들의 '오케스트라'가 아닌 '오래된 춤'에 함께하도록 초대하고자 한다.

멘토와 견습생은 저 오래된 인간적인 춤의 파트너들이다. 교직의 가장 큰 보람 중 하나는 매일 춤판으로 나설 기회를 준다는 것이다. 그것은 신구의 나선형 세대들 사이의 춤이다. 나이 든 사람은 젊은이에게 그들의 경험을 제공하고, 반대로 젊은이들은 나이 든 사람에게 새로운 삶을 제공한다. 그리하여 신구 세대가 손을 부딪치고 몸을 돌리는 가운데 인간 공동체의 연대가 더욱 단단하게 엮이는 것이다.[5]

오케스트라든 춤이든 세대를 오가는 리듬은 우리의 마음, 정신 그리고 발을 움직일 수 있다. 그리고 이 세상이 더 나은 장소로 바뀌도록 도울 수도 있다.

# 인류가 되신 것을 환영합니다•

코트니 씨에게,

내가 우리 우정을 소중하게 여기는 이유는 많습니다. 무엇보다 당신은 신뢰의 행동이라는 세계에 나를 초대해 내 세계를 넓혀주었죠. 그것이야말로 진정한 선물입니다. 당신과 삼십 대의 당신 친구들은 나 같은 사람이(당신보다 두 배 이상 나이가 많은 반듯한 백인 남자가) 놓칠 뻔한 현실과 가능성에 눈을 뜨게 해주었습니다. 이것에 정말로 감사드려요.

편지 말미에서 당신은 당신을 더 현명하게 만들어달라고 (미소 지으며) 부탁했죠. 그것은 내 역량을 넘어서는 일입니다. 우리 두 사람은 알고 있죠. 누구나 내면의 지혜를 갖고 있다는 것, 그리고 그것을 불러일으키는 가

---

• 지난 몇 년간 코트니 마틴과 나는 '온빙스튜디오'에 매주 칼럼을 게재해왔다. 코트니는 한 칼럼에서 내게 한 편의 공개서한을 썼는데, 그녀가 속한 여성 그룹에서 나눈 대화에 관한 편지였다. '친애하는 파커에게, 대문자 P로 시작하는 목표Dear Parker: Purpose with a Capital P'라는 제목의 이 편지(http://tinyurl.com/ybrxk22h를 참조할 것)를 보내며 그녀는 내게 답을 구했고, 이 글은 내가 보낸 답변이다.

장 좋은 방법 가운데 하나는 대화라는 것을요. 우리를 갈라놓는 담(예를 들어 젠더와 나이)을 두드려 무너뜨리고 그 중간 지대에서 만날 때, 우리는 좀더 현명해질 기회를 갖게 됩니다. 이미 이 편지를 주고받는 가운데 당신이 제기한 질문, 남자와 여자 그리고 우리가 걸어가는 다른 경로를 묻는 질문에 대한 이해가 넓어졌어요.

당신이 함께하는 여성 그룹 내 일부 젊은 여성들에 대한 언급, 그들에게 절박한 목적의식이 없다고 아쉬워하는 대목을 읽으면서 두 가지 느낌이 내 안에서 올라옵니다.

우리 사회는 어떤 역할의 가치를 평가절하하고 어떤 사람들이 자기 목표를 추구하지 못하도록 기죽이면서 너무 많은 사람으로 하여금 자신이 '부족하다'고 생각하도록 만드는데, 나는 여기에 다시 한번 분노를 느낍니다. 동시에 당신과 당신 친구들이 고통과 그 근원에 대해 열린 자세로 정직하게 말한다는 사실에 희망을 느낍니다. 그것은 개인적인 행복을 추구하는 데 있어, 또한 내가 알고 있는 사회 변혁 운동에 활력을 불어넣는 데 있어 결정적인 디딤돌이 됩니다.

당신 친구들의 부족한 목적의식에 대해, 당신은 이렇게 썼지요. "우리는 짧고 강렬한 문구로 쉽게 표현되고, 하나의 분명한 목표를 향해 나아가는 일을 위해 매일 아침 일어나 침대를 박차고 나가지는 않습니다."

누군가가 자신이 그런 식으로 아침에 잠을 깬다고 한다면, 나는 그 사람에게 솔직하게 말하겠습니다. 자기 삶을 그만 마케팅하고, 그런 방식으로 살지 말라고요. 당신은 여러 화로에 여러 개의 쇠를 달구고 있다고 스스로를 비유했는데, 나도 그렇게 '산만한' 사람에 속합니다. 내 일을 아주 짤막하게 요약하는 '엘리베이터 스피치'를 요청받을 때, 나는 이렇게 대답해요. "난 늘 계단을 이용합니다. 그러니까 엘리베이터 스피치를 하지 않지요. 혹시 나와 잠깐 걷고 싶다면, 이야기를 나누시죠." 가치 있는 삶이나 일이 몇 마디 인상적인 문구로 압축될 수 있는 것인지, 난 잘 모르겠습니다.

내가 잘 아는 이야기는 나 자신에 관한 것이니, 황홀했던 지난날들로 잠시 돌아가보죠. 삼십대에, 내게 '목적'은 대단히 불투명했습니다. 오십대 초반이 되어서야 소명이 일관성을 갖기 시작했거든요. 서른 살에 오직 한 가지 확실하게 알게 된 것은 내가 거대한 조직으로 규정되고 거기에 얽매이는 일과 삶을 원하지 않는다는 것이었습니다. 그래서 주변적인 장소에서 일했습니다. '권력의 중심'에 나를 끼워넣는 초대들을 거절하면서요.

예를 들어 박사학위를 취득한 후에는 대학교수 대신 커뮤니티 조직가가 되었습니다. 돈은 조금밖에 벌지 못했고, 교수로 발탁될 수 있는 레이더망에서 벗어나는 것도 두려웠지요. 하지만 돈이나 지위보다는 창조적인 자유에 더 가치를 두었습니다. (내겐 아내와 세 명의 아이가 있었고, 기댈 수 있는 신탁자금도 없었습니다. 그러나 인종, 젠더, 그리고 계급적인 우위에 있어서 일종의 안전망을 갖고 있었죠. 장학금을 받은 덕분에 학위 취득 이후에도 빚은 없었고요.)

나는 결코 '대단한 성취'라는 관점에서 내 직업적 여정을 바라본 적이 없습니다. 그 여정을 바라보는 방식은 그때나 지금이나 똑같습니다. 내 재능과 세상의 요구를 두루 탐색하면서 그 둘이 교차하는 지점을 찾는 겁니다. 그렇게 하다 보면 빛을 만나기도 하고, 어둠 속을 헤매기도 하죠. 간디는 자기 삶을 "진리의 실험"이라고 묘사한 적이 있는데, 나도 내가 벌이는 탐사를 그렇게 여기게 되었습니다. 모든 실험이 그러하듯, 어떤 것은 성공하고 어떤 것은 실패합니다.[6]

당신은 이렇게 썼습니다. "테이블에 앉아 있는 이 여성들을 둘러보고 있었습니다. 모두가 이 세상에서 놀라운 일을 하고 있어요. 사랑스러운 엄마로서, 친구로서, 파트너로서, 이웃으로서요. 그러면서 이런 생각이 들더군요. '이런 여성들이 자신에게 목적이 있지 않다고 생각하는 것은 제정신이 아니다.'" 내 느낌으로 당신의 그 친구들은(내가 만난 적이 있는 분들이 확실하죠) 내가 했던 것과 같은 탐사를 하고 있습니다. 바로 지금 의미를 지니고, 언젠가 의미 있는 답으로 그들을 이끌어갈 '질문을 살아가는 것'입니다.[7]

물론 나는 느낌으로 당신의 친구들에 대해 말하고 싶지는 않습니다. 당신도 알다시피, 느낌은 느낌일 뿐 추상적인 이념이 아니며 그 자체로 존중되어야 합니다. 하지만 난 당신의 친구들이 자기 느낌을 살펴보고 거기서 영혼과 삶과 일에 관련된 어떤 통찰이 주어지는가를 보도록 초대하고 싶어요. 그분들에게 부드러운 넛지nudge, 강압하지 않고 부드러운 개입으로 사람들이 더 좋은 선택을 하도록 유도하는 방법를 하나 드리자면, 이 사회는 목적에 대해 너무 조급하게 담보권을 행사하도록 끊임없이 젊은이들에게 강요하지만, 그것을 거부하고 있는 자신을 축하해주라고 제안하고 싶네요.

코트니, 당신은 직업과 가치를 대하는 방식에서 드러나는 젠더 차에 대해 몇 가지 커다란 질문을 던졌죠. 얼치기 사회학자인 내가 그런 질문에 대해 거대한 일반화를 내놓을 자신은 없습니다. 확실하게 아는 것 하나는, 내가 가장 잘 아는 남자들도 당신의 여성 친구들만큼이나 목적에 대한 질문으로 씨름해왔다는 것입니다.

그렇습니다. 이 사회는 여성보다 남성에게 더 많은 직업의 길을 열어놓고 있고, 그 길을 걸어갈 때 남성들에게 더 많은 물질적 보상을 부여합니다. 그건 제도적 성차별주의로서, 마땅히 뿌리 뽑아야 할 일이죠. 그것과 맞물려 있는 다른 '−주의들'처럼요. 그러나 내가 볼 때 우리 사회에서 '마음에 깃든 길', 의미로 연결되는 길 가운데 잘 포장된 것은 거의 드뭅니다. 남녀가 힘을 모아 복잡함과 혼란을 헤쳐나가면서 길을 닦아야 합니다. 나는 당신과 당신의 또래들이 선구자라고 생각해요.

내가 아는 남자들 가운데, 인생에서 중요한 다른 모든 것을 무시할 정도로 자기중심적인 목적 하나에 사로잡힌 사람은 거의 없습니다. 그렇다고 해서 모든 게 괜찮다는 의미는 아니에요. 오히려 그 반대입니다. 일과 관련된 역할이 줄어들거나 사라지면 정체성을 (그리고 때로는 진실성도) 잃어버리는 남자를 너무 많이 봤거든요.

왜 그런 일이 벌어질까요. 남자들이 자기를 지나치게 대단하게 생각하기 때문은 아닙니다. 자신이 무엇을 하는지가 아닌, 자신이 누구인가에 기반한 자아감을 개발하는 데 필요한 내면 작업을 하지 않기 때문입니다. 남자들이 생애의 좌표를 잃어버리는 것은 자만심보다는 내적 공허 때문입니다. 바로 그때 어떤 남자들은 '엉뚱한 데서 사랑을' 찾습니다. 착취적인 섹스나 약물 남용도 있지만, 더 자주 나타나는 건 권력과 부와 명성에 대한 탐욕이죠.

내가 아는 남자들 사이에 만연하는 가장 일반적인 영적 질환은 자기 삶에서 다른 모든 것이 '사라지는' 에고 팽창 같은 것이 아니라, 이른바 '멜랑콜리'입니다. 그 병세가 너무 깊어지면 자아감을 소멸시킬 수 있다는 것을 경험상 말씀드립니다.

더 많은 남자가 모여 앉아 (당신과 당신 친구들이 그렇게 하듯이) 자신의 좌절, 두려움 그리고 희망에 대해 허심탄회하게 말한다면 변화할 수 있으리라 생각합니다. 남성 우울증에 대해 가장 잘 알려진 책의 제목이 『나는 그것에 대해 말하고 싶지 않다』[8]인 데는 이유가 있어요.

남성들의 도덕적 실패에 대한 당신의 코멘트를 들으니 다른 사람들이 아닌, 내 자신에 대해 몇 마디 덧붙이고 싶네요. '첫 번째 돌팔매'성서에서 간음하다 붙들린 여인을 벌주는 일에 관한 겁니다. 당신은 나를 아주 잘 알지요. 그래서 내게 결함과 단점이 넘쳐난다는 것도 알 겁니다. 내 직감으로는 내가 쓴 가장 훌륭한 글들은 내가 처한 혼재된 조건에서 나왔어요. 인간이 된다는 건, 부서졌지만 여전히 온전한 존재가 된다는 것임을 아는 사람들에게 그 글들이 울림을 주기를 바라면서 쓰였다는 말입니다.

integrity 진실성라는 단어는 'intact 전혀 손상되지 않은'에서 유래했습니다. 그것은 '(전체를 구성하는 일부로서) integral 필요 불가결한'과 관련됩니다. 우리의 부서짐을 삶의 필요 불가결함으로 끌어안는다는 뜻이죠. 남자들이 여자보다 무분별한 행동으로 자신의 진실성을 위태롭게 하나요? 잘 모르겠습니다. 하지만 우리는 이 특수한 나약함을 인간 조건의 일부로서 공유한다고 생각하고 싶네요.

남자와 여자가 서로 신뢰하는 사람들과 부서진 온전함을 향한 여정을 함께하는 날을 나는 간절히 열망합니다.

인생의 늦가을에 접어들면서 품은 커다란 질문 하나로 이 글을 마무리하려 합니다. 모든 실수와 혼란에도 불구하고 나는 어떻게 나로서 살아남을 수 있었는가? 나이가 들어가며 때로 '복잡함의 이면에 있는 단순함'을 볼 수 있게 되면서, 몇 가지 답이 분명해졌습니다. 은총, 용서, 가족과 친구에 대한 무조건적인 사랑, 그리고 대화를 나누며 내 고군분투에서 외로움을 덜어준 사람들의 개방성이 그것입니다.⁹ 더 많은 은총. 더 많은 용서. 더 많은 사랑과 열린 친구들.

코트니, 당신은 어떤 식으로든 가장 치유를 주는 말로 나를 축복해온 이들 중 한 사람입니다. 내 실수와 혼란에도 불구하고가 아니라 그것들 때문에 전해준 말, 바로 "인류가 되신 것을 축하합니다!"

어쩌면 내 인생의 주된 목적은 그런 말을 필요로 하는 사람들에게 최대한 전해주는 것입니다. 그러면 그들이 그 말을 또 다른 이들에게 전하겠지요. 우리 모두는 우리 재능을 세상에 기여하면서 잘 지낼 수 있을 겁니다.

아마도 이건 당신과 당신의 친구들이 서로를, 그리고 서로 닿아 있는 다른 사람들을 위해 이미 하고 있는 일인지도 모르겠군요.


사랑과 감사를 담아

파커 파머

# 안에서 밖으로 나아가는 삶•

지난 40년 동안 사색적인 가르침과 배움을 선구해온 대학에서 오늘 여러분과 함께하게 된 것을 감사하게 생각합니다. 여러분이 그동안 가꿔온 씨앗은 나로파대학이 설립될 때 누구도 예상하지 못한 방식으로 지금 미국 전역의 고등교육에서 자라나고 있습니다. 그것은 여러분 개개인뿐만 아니라 더 넓은 세계를 이롭게 하는 고등교육의 양식입니다.

2015년도 졸업생들의 삶에서 중요한 순간을 여러분과 함께하게 되어 큰 영광입니다. 저는 오늘 두 가지 평범한 졸업 선물을 가져왔어요. 하나는 여러분 앞에 펼쳐진 길에 관한 여섯 가지 짤막한 제안입니다. 다른 하나는 여러분이 그 길에 빨리 들어설 수 있도록 12분 안에 제 말을 끝내겠다는 약속입니다.

---

• 이 글은 콜로라도주 볼더의 나로파대학에서 했던 2015년 졸업생 축사를 편집한 것이다. 연설 영상은 http://tinyurl.com/y8bjdzce에서 볼 수 있다.

첫 번째 제안은 간단합니다. 마음의 문제에 봉착했을 때 무모해지라는 것입니다. 제가 미국의 젊은이들을 망가뜨리고 있다고 생각하지 마세요. (부모님과 조부모님, 여러분께 드리는 말씀입니다.) 제 말은 삶과 미친 듯이 사랑에 빠지라는 것입니다. 자연세계 그리고/또는 인간세계의 어떤 부분에 열정을 가지세요. 그리고 상처를 받을지라도 그를 위해 위험을 무릅쓰세요.

어느 누구도 죽을 때 "그동안 자기중심적으로, 나만을 보살피며, 나를 지키면서 살아올 수 있어서 참 기쁘다"고 말하지는 않습니다. 열린 마음과 너그러움으로 여러분 자신을 세상에 내어주세요. 여러분의 에너지, 재능, 비전, 영혼을요.

그러나 이런 식으로 살아갈 때, 여러분이 아는 것이 얼마나 적은지, 또 그것이 얼마나 실패하기 쉬운지도 알아두십시오. 사랑과 봉사 속에서 성장하려면, 여러분은 지식만큼이나 무지에도, 성공만큼이나 실패에도 가치를 두어야 합니다.

엄격한 지식 테스트를 통과한 여러분의 성공을 축하하는 오늘, 이것은 아이러니한 조언이 아닐 수 없습니다. 그러나 이미 알고 있는 것에만 매달리면, 생기 잃은 삶을 살게 됩니다. 그러니까 초심자의 정신을 기르십시오. 모르는 것을 향해 곧장 나아가세요. 그리고 실패하고 또 실패하는 일의 (또한 딛고 일어나서 배우고 또 배우는 것의) 위험을 무릅쓰세요. 바로 그것이 사랑, 진리, 그리고 정의 속에서 원대한 삶으로 나아가는 길입니다.

둘째, 무지와 실패를 여러분의 지식과 성공에 통합시키면서, 여러분에게 낯선 영역들에서도 똑같이 하십시오. 여러분 내면의 밝고 아름다운 모든 것을 찾아내 그것들을 여러분의 그늘진 면에 전해주세요. 여러분 안에서 이타주의가 이기주의를, 너그러움이 탐욕을, 기쁨이 슬픔을 만날 수 있도록 말입니다.

누구에게나 그림자가 있지요. 우리처럼 고매한 사람들도 예외가 아닐 뿐 아니라, 특히 더 그렇죠. 그러나 "나는 위에서 말한 모든 것이다. 빛뿐만 아니라 그림자도 나다"라고 말할 수 있을 때, 그 그림자의 힘은 선한 것을 위해서 사용됩니다. 자신의 그림자에 세 번 깊숙이 다이빙을 했지만<sub>파머는 인생에서 세 번의 심한 우울증을 겪었다</sub> 꺾이지 않고 분발하는 사람으로서, 가볍게 하는 말이 아닙니다. 그것이 진리임을 분명히 알고 있지요.

여러분의 모든 것을 인정하고 끌어안을 때, 여러분은 우리 모두에게 유익한 선물을 스스로에게 선사하게 됩니다. 우리가 살아가는 세상은 소크라테스가 말한 "점검된 삶"을 사는 리더들을 절실히 필요로 합니다. 정치, 종교, 비즈니스, 대중매체처럼 중요한 영역에서, 너무 많은 리더가 자기 그림자를 명명하거나 인정하려 하지 않아요. 약해 보이고 싶지 않은 것이죠. 그들은 점검되지 않고 직시되지 않은 그림자를 지닌 채, 자기 권력을 무분별하게 남용합니다. 그 결과 수많은 사람에게 해를 끼치고, 주요한 기관들의 공적 신뢰를 무너뜨리죠.

자기 이해를 가치 있게 여긴다면, 여러분은 사회 혁신을 위해 우리가 필요로 하는 리더가 될 것입니다. 하지만 어떤 이유에서든 자신을 면밀히 들여다보지 않는 삶을 살기로 했다면, 간곡히 부탁합니다. 다른 사람들에게 영향을 주는 직업을 갖지는 마세요.

셋째, 자기 안에 있는 생경한 모든 것을 반갑게 맞아들이면서, 바깥세계에 있는 생경한 이들도 모두 똑같이 맞아들이세요. 오늘날 우리와 '다르다'고 여겨지는 이방인에 대한 환대보다 더 중요한 미덕이 있을까요.

이 사회에서 예전의 주류(저 같은 외모를 가진 사람들)는 한물가고 있지요. 2045년이면 미국의 주류는 유색인이 될 것입니다. 과거에 주류였던 많은 이가 그 사실에 두려움을 느낍니다. 숱한 엉터리 정치 지도자가 파렴치하게 조장하는 그 두려움은 우리를 파멸로 이끌고 있습니다.

인종, 민족성, 종교, 성적 지향 등에서 '타자성'을 무서워하는 사람들은 나라가 필요로 하는 재생renewal을 일으키지 못할 겁니다. 그들의 두려움 때문에, 한때 생기 넘쳤던 우리 사회는 눈에 띄는 퇴행까지는 아닐지언정 정체 상태에 빠져 있습니다. 이 사회의 재생에 있어 우리가 가장 희망하는 바는 다양성이 존중되고 포용되는 것입니다.

백인이 대다수인 어느 대학을 사직하고 남캘리포니아에서 밀입국 청년들을 가르치는 교수 한 명을 최근에 만난 적이 있는데요. 어떻게 지내느냐고 묻자 그는 대답했습니다. "내 생애에 가장 훌륭한 이직이었어요. 예전에 가르치던 학생들은 스스로 귀하게 대우받을 자격이 있다고 느끼고, 그것을 누리게 해달라고 요구했습니다. 지금 가르치는 밀입국 학생들은 배움에

굶주려 있고, 열심히 일하며, 안전지대를 벗어나 계속 나아갈 수 있을 만큼 용감합니다."

미국은 이런 자질을 가진 사람들에 의해 새로워질 것입니다. 특권과 권력을 가진 우리가 그들과 협력해 그들 앞에 놓인 장애물을 제거한다면, 우리 모두의 미래는 밝습니다.

넷째, 가치 있는 원대한 일을 찾으세요. 사랑, 평화 그리고 정의를 확산시키는 일 같은 것 말입니다. 단기적인 결과로 측정되는 일에 능력을 발휘하라는 우리의 문화적 강박에 현혹되지 말아야 한다는 말입니다. 우리는 모두 성과를 내고 싶어합니다. 그러나 우리가 원대한 일을 할 때 성공 여부가 오직 다음 분기의 최종 결산으로 측정된다면, 우리는 낙심하고 나가떨어진 채 절망에 빠질 겁니다.

고결한 가치에 헌신하는 삶을 살았기에 존경받는 인물을 생각해보세요. 로자 파크스, 넬슨 만델라, 그 외에도 별로 알려지지 않은 여러 사람을 말입니다. 그런 분들이 돌아가실 때, 이렇게 말할 수 있었을까요? "이제는 누구나 그것을 마땅히 해야 할 일로 여기기 때문에, 내가 그 일을 떠맡은 것이 정말로 기쁘다." 아닙니다. 우리 영웅들은 불가능한 일들을 떠맡았고, 많은 시간과 노력이 드는 그 일에 계속 매달렸습니다. 효율성을 뛰어넘는 기준에 맞춰 살았기 때문입니다.

그 기준의 이름은 '충실함'입니다. 여러분의 재능에, 세상의 요구에, 그리고 여러분이 닿을 수 있는 필요가 어떤 것이든 자신의 재능을 바치는 것에 충실해야 합니다.

효율성의 규범에 더 단단히 매달릴수록, 우리가 떠맡을 과제는 더 작아질 것입니다. 그것은 단기적인 결과를 내는 일들일 뿐이니까요. 공교육이 그 비극적인 사례입니다. 우리는 어린이들을 교육하는 것(한 번도 수행되지 않은 커다란 일)에 더 이상 마음을 쓰지 않습니다. 우린 오로지 아이들이 측정 가능한 결과로 시험을 통과하도록 하는 데만 마음을 씁니다. 그 시험들이 정말 중요한 것을 측정하는지에 대해서는 생각하지도 않으면서요. 그 과정에서 우리는 수많은 좋은 교사와 상처받기 쉬운 아이들의 영혼을 깨부수고 있습니다. 측정되는 것이 아니라 소중하게 여겨지기를 갈망하는 수백만 명의 아이들이 이 나라에 있습니다.

물론 효율성에도 신경을 써야죠. 그러나 수많은 교사가 그렇게 하듯이 충실해지는 데 더 마음을 쓰길 바랍니다. 여러분의 소명에, 그리고 여러분의 관심에 맡겨진 진정한 필요들에 충실해지는 것 말입니다. 여러분의 살아생전에 그 커다란 일을 완수하지는 못할 것입니다. 그러나 그 길의 끝에서 "나는 충실했다"고 말할 수 있다면, 만족감을 가지고 생을 마감할 수 있을 겁니다.

다섯째, 인간 됨은 기쁨만이 아니라 고통도 수반하기 때문에 드리는 말인데, 이것을 꼭 기억해주십시오. 폭력은 고통을 다루는 다른 방법을 알지 못할 때 생기는 것입니다. 때로 우리는 그 폭력을 스스로에게 가하기도 하죠. 탈진으로 이어지는 과로나 여러 형태의 약물 남용이 그것입니다. 때로 우리는 그 폭력을 다른 사람들에게 행사합니다. 인종주의, 성차별주의 그리고 성소수자 혐오는 다른 사람에 대한 우월성을 주장함으로써 고통을 줄이려는 이들에게서 종종 나타납니다.

좋은 소식을 하나 드리자면, 고통은 죽음이 아닌 생명을 가져다주는 무언가로도 변형될 수 있다는 것입니다. 그런 일은 매일 일어나죠. 이 나이가 되니, 자기 생애에 가장 사랑스러운 사람을 잃고 고통받아온 사람들을 저는 많이 알게 되었습니다. 처음에 그들은 깊은 슬픔에 잠깁니다. 다시는 가치 있는 삶을 살 수 없으리라고 확신하면서요. 그러나 그들은 서서히 한 가지 사실을 깨달아갑니다. 그런 상실에도 불구하고가 아니라, 그것 때문에 더 성숙하고 자비로운 사람이 되었다는 것, 타인의 슬픔과 기쁨에 더 마음을 쓸 수 있는 역량이 생겼다는 것입니다.

이들은 마음이 부서진 사람들입니다. 한데 그들의 마음은 부서져 조각난 것이 아니라, 부서져 열린 것입니다. 그러니 매일, 삶의 고통과 기쁨을 받아들이면서 마음을 운동시키세요. 그런 운동은 여러분의 마음을 탄력 있게 만들어줄 것입니다. 그래서 마음이 부서질 때(반드시 부서질 거예요) 수류탄의 파편이 아닌 더 큰 사랑의 능력으로 부서질 것입니다.

끝으로, 저는 "매일 죽음을 눈앞에 두라"는 성 베네딕트의 말을 인용하고 싶습니다. 마치 죽음을 연습하라는 말처럼 들리지만, 결코 그런 것이 아닙니다. 죽음을 건강하게 의식할 수 있다면, 삶의 위대함과 영광에 눈이 열릴 것입니다. 또한 앞서 언급한 모든 미덕과 희망, 너그러움, 감사 등 언급하지 않은 미덕까지 불러일으킬 것입니다.

면밀히 들여다보지 않은 삶이 살 만한 가치가 없다면, 마찬가지로 생기 없는 삶은 면밀히 들여다볼 가치가 없습니다. 그래서 우리에게 (진정으로) 자기 삶을 살아가기에 대해 상기시켜주는 작가 다이앤 애커먼의 글을 인용하면서 제 축사를 마칠까 합니다.

삶과의 연애라는 위대한 일은 최대한 다채롭게 살아가는 것, 고급 순종마馬처럼 자기의 호기심을 가다듬고, 매일 숲이 울창하고 햇빛 쨍쨍한 언덕을 달려 올라 넘어가는 것이다. 위험부담이 없는 곳에서는 정서의 지형도 평평하고 탄력이 없다. 그리고 그 모든 차원, 계곡과 산봉우리, 우회로에도 불구하고, 삶은 길이만 있을 뿐 장엄한 지형은 전혀 없을 듯하다. 삶은 신비에서 시작되어 신비로 끝난다. 그러나 얼마나 야생적이고 아름다운 시골이 그 사이에 놓여 있는가.10

2015년도 졸업생 여러분, 하나의 신비에서 다음 신비로, 그다음 신비로 한없는 자비와 축복이 깃든 여행에 나선 여러분 한 사람 한 사람에게 다시 한번 깊은 경의를 표합니다.

# 11월 22일

여러 해 전 이날, 장래가 촉망되는 우리의 대통령이 살해되었다. 그는 죽기에는 너무 젊었고, 나는 이 세상이 그런 식으로 엉클어지는 것을 보기에는 나이가 너무 어렸다. 나는 나의 상실, 우리의 상실을 슬퍼했고, 그러다가 일, 삶, 세계를 다시 짜기 시작했다. 내가 지금 알고 있는 것, 즉 세상은 언제나 엉클어지고 끊임없이 다시 짜여야 한다는 것을 그때는 몰랐지만.

베를 짜는 데 필요한 지식과 기술을 익히면서, 당신은 실들을 계속 수집해야 한다. 의미의 실, 희망의 실, 목적, 에너지 그리고 의지의 실들을 모아야 한다. 어둠과 추위를 바탕으로 따뜻함과 빛으로 된 망토를 계속(고장 난 베틀을 수리할 때만 가끔 멈추면서) 짜야 한다. 어려움에 처해 당신에게 다가오는 사람들을(그 모든 고통이 있는 세상, 가까이에 있는 사람들, 그리고 당신 자신을) 그 망토로 감싸야 한다.

그리고 운이 따른다면, 그 과정에서 당신은 누더기가 된 자신의 삶을 다시 짤 수 있는 실을 발견하게 될 것이다. 그 실은 다른 어느 실보다 따스함과 빛으로 우리를 수놓으며, 베틀을 짜는 사람과 베틀을 짜는 것 둘 다를 진실하게 만들어준다. 사랑이라 부르는 그 빨간 실, 당신이 쥐고 있다가 다른 이에게 "당신 거예요"라고 말하면서 전해줄 그 실 말이다.

– 파커 파머

# 3장

# 리얼해진다는 것

환상에서 실재로

나는 삼십대 초반에 '영적인 인간이 되려고' 덤벼들었다. 나는 주류 프로테스탄트 전통 속에서 자라났고, 대학의 신학부와 대학원에서 종교에 대해 공부했다. 나는 은총, 용서, 성육신, 그리고 죽음을 이기는 생명 같은 기독교의 핵심 교리를 받아들이는 데 지성적으로 아무 문제가 없었다. 또한 일부 기독교 전통에서 무엇인가를 오만하게 판단하는 것을 거부하는 데나 우리 삶에서 과학의 핵심적인 역할을 긍정하는 데도 아무 문제가 없었다. 신앙과 이성은 적이 아닌 파트너라고 늘 생각해왔다.

그러나 나는 종교적인 관념으로 머릿속을 가득 채우기보다 더 깊고 진실된 무언가를 열망했다. 나는 이전까지의 삶보다는 덜 엉망인 삶을 체험해보고 싶었다. 혼돈과 모순으로 가득 차 있던 내 삶은 '영적인' 것과는 한참 거리가 있었다. 혹은 그렇게 생각했다.

어느 날 나는 트라피스트회 수도사인 토머스 머튼이 겟세마네 수도원에서 예비 수도사들에게 했던 강연을 테이프로 듣게 되었다. 당시 머튼은 수련수사였다. 엄격한 경건을 추구하는 젊은 수도자들에게 머튼은 이렇게 말했다. "여러분, 영적인 삶을 살기 전에, 삶을 살아야have a life 합니다!"

이 날카로운 말('따분하게 굴지 마Get a life!'의 수도원 버전)은 '영적인 인간이 된다는 것'이 일상의 배설물을 벗어나 신과 같은 명료함과 순수함으로 도약하는 것이라고 여겼던 나의 거짓된 관념을 발가벗겼다. 머튼의 말은 원투 펀치로 나를 가격했다. '와우, 그의 말이 맞아, 삶을 살아야 해. 잠깐! 그런데 난 이미 어떤 삶을 살고 있잖아! 엉망진창이긴 하지만, 바로 거기서 영적인 길을 찾을 수 있다는 말 같아.'

영적인 여정은 있는 그대로의 삶에 관여하는 끝없는 과정이다. 자기 자신, 자신이 살고 있는 세계, 그리고 그 둘 사이의 관계에 대한 착각에서 벗어나 우리가 살아가는 현실에 가까이 다가가는 운동이다. 그것은 영성이 일상의 싸움 위를 떠다니는 것이라는 착각을 지우는 데서 시작된다. 현실은 만만치 않을 테지만, 착각 속에 사는 것보다는 안전한 장소다. 착각은 언제나 우리를 실망시키는데, 특히 노년에 더 그렇다. 결국 죽음은 이 모든 착각의 종언이다. 그러니 죽음이 그것을 우리에게서 벗겨내기 전에, 스스로 그 착각에서 벗어나기 위해 할 수 있는 일을 해야 하지 않겠는가? 그러면, 낙심과 절망 속에서 죽을 확률은 줄어들 것이다.

이 장의 첫 번째 에세이 「재앙에 의한 명상」은 하나의 고백이다. 착각 속에서 길을 잃기 전에 그것을 알아차리도록 영적인 수행을 하는 사람들을 부러워하는 만큼이나, 나는 알아차림이 있기 전에 우선 길을 잃어야 하는 것 같다. 나는 대개 엉망이 되기 전이 아니라 그 후에 사색을 한다.

「우정, 사랑, 그리고 구원」은 가장 중요한 영적 친구이자 인생의 안내자인 토머스 머튼과의 오랜 관계에 관한 것이다. 나는 머튼이 죽은 이듬해까지 그에 대해 아무것도 몰랐다. 그와의 모든 만남은 책을 통해서, 또는 그의 말이나 영혼의 무언가가 내게서 되살아나는 순간 이뤄졌다. 그러나 나는 마치 얼굴을 마주한 친구처럼 그의 현존을 가까이 느낀다.

「아래로 내려가는 것이 행복하다」에서는 영적인 삶은 일상생활의 구차스러움으로부터 '빠져나와 위로, 위로' 올라가는 것과 아무 상관이 없다는 사실, 아무리 구질구질해도 '우리 존재의 토대'에 뿌리 내린 채 머무는 것과 관계된다는 생각을 정리해본다.

「겨울 숲에서 일주일을 보내며」는 어느 연례 1월 피정 동안 쓴 일기 중에서 골자만을 추려 구성한 것이다. 생명을 위협하는 위스콘신의 추위만큼 사람에게 죽음에 대한 현실감을 일깨워주는 것은 없다.

「잘 다녀오셨습니까」는 꽁꽁 언 숲 속을 거닐던 순간에 대해 쓴 시다. 내가 여기에 존재할 가치가 없다는 두려운 환상을 깨부수면서, 우리 모두 그러하 듯 나도 존재할 가치가 있다는 진리로 되돌아간 순간이었다. 이는 우리가 죽 기 전에 깨달아야 할 진리다.

# 재앙에 의한 명상

내가 처음 명상적인 삶에 끌린 것은 서른 살 때였다. 트라피스트회 수도사 토머스 머튼의 글에 영감을 받아, 나는 수도원 공동체에 들어가는 꿈을 꿨다. 머튼이 인생의 절반을 보낸 겟세마네 수도원이 가장 좋으리라 생각했다. 커뮤니티 조직가로서 열정을 다했던 워싱턴 DC에 비해, 켄터키 동산들로 둘러싸인 겟세마네에서의 삶은 이상적으로 보였다.

불행히도 수도사로 살아가는 데는 몇 가지 중대한 장애물이 있었다. 나는 기혼자였고, 세 자녀의 아버지였으며, 내 가족이 기댈 직업을 갖고 있었다. 그리고 나는 가톨릭보다는 퀘이커 쪽에 가까웠다. 수도원 생활에 대한 나의 '꿈'은 환상이었음이 분명하다. 그래서 겟세마네에서 수련수사에 지원하는 대신, 나는 그 수도원의 유명한 과일 케이크를 주문했다. 훌륭한 켄터

키 버번에 적셔 숙성시킨 케이크였다.●

　나는 과일 케이크에 기운을 얻어, 세상의 광기 한가운데서 명상적인 삶을 살아가는 방식을 찾아 나섰다. 이후 몇 해 동안 나는 세상 모든 지혜의 전통을 관통하는 신비주의 흐름에 대해 읽었다. 인솔을 받아 피정에 참석했고, 몇몇 인기 있는 명상 수행에 참가했다. 그러나 퀘이커의 예배 집회 말고는 내 기질이나 종교적 성향, 그리고 삶의 처지에 걸맞은 수행을 하나도 발견할 수 없었다.

　필요는 발명의 어머니라는 말이 있지만, 명상은 특정한 수행에 의존하지 않는다는 생각이 갑자기 들었다. 형태는 다를지언정 명상은 모두 같은 목적을 갖고 있다. 하워드 서먼이 말한 "진정한 것의 소리"를 우리 안에서, 그리고 우리 주변에서 듣기 위해 자아와 세계의 기만을 꿰뚫어보는 것이다![1] 명상은 묵상, 요가, 태극권, 경전 읽기 따위의 특정한 수행으로 정의될 필요가 없다. 대신 그것의 기능으로 정의될 수 있다. 명상은 환상을 꿰뚫어 실재에 가닿는 하나의 방법이다.

　이 정의는 (경험을 직관으로 전환하고자 계속 노력하는 한) 내가 명상적 삶을 영위할 수 있는 무수한 길에 눈을 뜨게 해주었다. 예를 들어 실패를 직시하면, 현실을 보지 못하게 하는 환상들을 증발시킬 수 있다. 뭔가에 성공할 때는, 그로부터 무엇을 배울 수 있을지에 대해 많은 생각을 하

--------

● 2015년 11월 2일, 내 친구 샤론 샐즈버그가 「온 빙」 블로그에 '애착의 아이러니'(http://tinyurl.com/y9fzl8nh)라는 기가 막힌 글을 한 편 올렸다. 그녀는 겟세마네 수도원을 방문했을 당시, 트라피스트회에서 만든 치즈를 받은 달라이 라마에 관해 이야기했다. 달라이 라마는 후에 수사들에게 치즈 대신 과일 케이크를 받았더라면 더 좋았을 뻔했다고 말했다 한다. 샤론은 "한 친구가 이 이야기를 듣더니, 달라이 라마가 과일 케이크를 세상 좋아하는 분인가 보다 했다"라고 적었다. 나는 달라이 라마 성하陛下께서 과일 케이크 사랑에 있어서만큼은 당신이 혼자가 아님을 아시기를 바란다. 그러나 양심상 이 점만이 그분과 내 삶이 닮아 있음을 적어두지 않을 수 없다.

지 않는다. 스스로 얼마나 영리한지에 흡족해하고, 그 과정에서 가장 선호하는 환상들 가운데 하나를 강화할 뿐이다.

그러나 실패를 통해 나의 에고 풍선이 터져버리면, 무엇이 잘못되었는지를 알아내고자 오랫동안 애쓰는데, 종종 그 '무엇'이 내 안에 있음을 배운다(또는 다시 배운다). 실패는 나 자신과 내가 세상과 맺고 있는 관계에 대한 냉정한 진실 앞에 나를 마주시킨다. 성공과 그것이 빚어내는 환상의 햇볕을 기분 좋게 쬐고 있을 때는 피하게 되는 진실 앞에 서는 것이다. 실패는 명상적 삶이 취할 수 있는 여러 형태 가운데 하나다.

삶 속에는 명상적으로 전환시킬 만한 도전이 가득하다. 몇 해 전 나는 모린이라는 싱글맘을 만난 적이 있다. 그녀의 딸 리베카는 심한 발달장애가 있어서 혼자서는 아무것도 할 수 없었다. 그래서 모린은 두 가지 삶을 살아야 했으며, 딸을 남겨두고 피정에 가거나 형식화된 영적 수행을 할 시간과 에너지는 없었다. 하지만 모린은 세계적 수준의 명상가였다.

통상의 기준에서 결코 '성공적'이거나 '유용'하거나 '아름답지' 않은 리베카를 사랑하면서, 모린은 인간을 가치 있게 하는 것과 관련해 우리 문화에 내재한 잔인한 환상을 간파했다. 모린은 리베카의 삶이 심오한 가치를 지니고 있고, 모든 사람이 그러하듯 그 아이도 지구의 귀한 존재일 뿐 아니라 하느님의 소중한 딸이라는 실재에 가닿았다.

모린과 함께 있으면 은총의 명상이라는 원 안에 있는 듯했다. 무엇을 하는가가 아니라 누구인가로 당신의 가치를 알아보는 사람과 함께 있으면,

가식적으로 행동하거나 가면을 쓸 필요가 없어진다. 방어하지 않고 겉치레로 꾸미지 않는 자아만 있으면 된다는 축복된 안도감을 경험하는 것이다.

가장 파괴적인 경험일지라도 명상에 이르는 출입구가 될 수 있다. 적어도 우울증에 시달리던 내게는 그러했다. 그 아래에 가라앉아 있으면, 현실이 사라진다. 모든 것은 자기 파괴적인 '우울증의 목소리'에 의해 날조된 환상이다. 너는 쓸모없이 공간만 차지하고 있고, 세상은 고문실이며, 오직 죽음만이 네게 평화를 가져다줄 수 있다고 끊임없이 말하는 목소리 말이다. 그러나 위로 올라오면, 문제들은 다시 다룰 만한 것이 된다. 그리고 일상의 현실(지평선 위의 진홍색 불빛, 친구의 사랑, 낯선 사람의 친절, 다른 귀중한 나날의 삶)은 있는 그대로의 보물로서 스스로를 드러낸다.

만일 명상이 환상을 간파하고 현실에 닿는 것이라면, 다른 사람들이 '환상을 깨뜨리는' 경험에 대해 말할 때 그들을 안쓰럽게 바라볼 이유가 있는가? 우리는 보통 "안됐군요. 제가 위로해드리지요"라고 말한다. 확신컨대, 이렇게 말하는 게 나을 것이다. "축하합니다! 또 하나의 환상을 잃으셨군요. 이제 현실의 단단한 기반으로 한 걸음 다가가게 될 것입니다. 환상이 더 깨지도록 도와드릴게요."

고전적인 명상 수행에 관련된 무엇이든 (연기와 거울을 넘어서 자신과 세상에 대한 진실을 보게 해주는 실천을) 매일매일 해나가는 사람들이 나는 부럽다. 나는 이 사람들을 '직관에 의한 명상가'라고 부르는데, 내가 아는 몇 사람은 엉망이 되기 전에 조치를 취하는 듯하다. 하지만 나는 그 축복받은 부류에 들지 못한다.

나는 '재앙에 의한 명상가'다. 내 자명종은 사고가 난 다음에 울리고 나는 그 잔해에서 빠져나오는 길을 파느라 애를 쓴다. 이런 경로를 의식적으로 선택하라고 권유하지는 않는다. 그러나 친애하는 독자 여러분이 나와 비슷한 이야기를 갖고 있다면, 기쁜 소식을 배달해드리겠다. 재앙도, 경사지고 위험할지언정, 명상의 길이 될 수 있다는 것이다.

나는 여전히 길 위에 서 있다. 그리고 환상이 깨져 자신과 세상에 대해 더 알 수 있도록 늘 깨어 있으려 한다. 삶은 내게 뭔가를 줄 것이라고 언제나 기대할 만하다. 오늘 그것이 무엇일지 누가 알겠는가? 후회스러운 과거의 어떤 일을 떠올리게 하는 것일 수도 있고, 잘했다고 생각했던 어떤 일에 대한 한 점의 비판일 수도 있으며, 내 조국이 영혼의 외관을 완전히 상실했다고 느끼게 만드는 생생한 정치적 격분일 수도 있다.

그것이 무엇이든, 나는 다른 쪽에서 희망적인 현실이 드러날 때까지 나의 길로 정진할 것이다. 후회는 축복으로 바뀔 수 있다. 비판은 우리 일의 초점을 다시 잡고 결심을 다지게 할 수 있다. 인간의 영혼이 이 세상에서 더 이상 힘쓰지 못한다고 확신할 때, 그때가 우리 영혼을 누군가에게, 어딘가에서 드러낼 시간이다. 또한 그것은 재앙에 의한 명상가가 되어 얻을 수 있는 결실들 중 하나이기도 하다.

그리고 버번에 재운 트라피스트 과일 케이크 몇 조각이 도움이 된다는 점을 잊지 마시라.

# 우정, 사랑, 그리고 구원*

저는 작은 희망의 메시지를 전하기 위해 여러분 앞에 섰습니다. 우선, 사회의
주변부를 감히 찾아 나서는 사람들이 언제나 있다는 것입니다. 그들은 사회
적인 수용에 의지하지 않고, 사회적인 관행에 의지하지 않으며, 위험부담이
있는 상태에서 자유롭게 떠다니는 실존 같은 것을 선호하죠. 그들이 자기 나
름의 소명에, 자기 나름의 직업에, 그리고 신에게서 받은 자기 나름의 메시지
에 충실하다면, 그들 사이에서는 가장 깊은 수준의 소통이 가능할 겁니다. 그
리고 가장 깊은 수준의 소통은 소통이 아닌 교감입니다. 거기에는 말이 필요
없죠. 그것은 말을 넘어서고 개념을 넘어서는 것입니다.
- 토머스 머튼2

---

● 이 글은 원래 『우리는 이미 하나다: 희망에 관한 토머스 머튼의 메시지』에 실렸던 글을 편집한 것
이다. *We Are Already One: Thomas Merton's Message of Hope—Reflections in Honor of
His Centenary (1915-2015)* (Louisville, KY: Fons Vitae Press, 2015), pp. 24-29.

나는 토머스 머튼을 그가 죽은 이듬해에 만났다. 그의 글과 "말을 넘어서" 펼쳐지는 교감을 통해 만났다. 친한 친구들이 오랫동안 헤어져 있다가 다시 만날 때처럼 매끄럽게 만났다. 머튼과의 우정 그리고 지난 45년 동안 그것이 내게 준 희망이 없었다면, 나는 내 직업에 대한 믿음을 그나마 그렇게 불완전한 채로도 유지하지 못했을 것이다.

머튼이 "사회의 주변부"(적어도 내가 알고 있는 세계의 주변부)라고 부른 것을 향한 내 직업적 여정은 버클리대학에서 박사과정을 마친 1969년에 시작되었다. 1960년대에 접어들면서, 나를 대학원으로 이끈 학문적 부름은 점점 들리지 않게 되었다. 베트남, 빈발하는 암살, 미국의 몇몇 주요 도시에서 일어난 인종 폭동, 이 모든 것은 내 안에서 끊임없이 들려오는 목소리에 귀 기울이게 해주었다. "네 직업은 교실이 아니라 커뮤니티 속에 있다."

박사학위를 취득한 상태에서 나는 교수가 될 몇몇 기회를 거절하고, 1969년 7월 아내와 아이들을 데리고 워싱턴 DC로 거처를 옮긴 뒤 커뮤니티 조직가로서 일을 시작했다. 직업적인 자살을 감행하는 것을 넘어서, 내가 하는 일을 아무도 이해하지 못했다. 사실은 나 자신에게도 그것을 설명할 수 없었다. 성공 가능성이 낮은데도 '하지 않을 수 없는' 무엇이라고 말하는 것밖에는.

나는 커뮤니티 조직가로서 훈련을 받은 적도 없고 경험도 없었다. 내 일은 내가 조성해본 실적이 없는 기금의 후원으로 수행되어야 했다. 나는 이상주의적이고 비판에 예민한 청년으로, 커뮤니티 조직이라는 냉엄한 세계에는 기질상 맞지 않았다. 그 당시에 월급이 나오고 안정된 교원직을 받아들이는 것에 비한다면, 나는 절벽을 뛰어서 "위험부담이 있는 상태에서 자유롭게 떠다니는 실존" 속으로 몸을 던지는 것이나 다름없었다. 함께하는 동료들이 위로가 될 수 있었겠지만, 절벽을 뛰어내릴 때는 동료를 거의 발견할 수 없었다.

## 머튼을 만나다

워싱턴 DC로 이사한 지 5개월이 지났을 때 (자유낙하의 스릴이 예측 가능한 멍과 상처, 골절로 이미 바뀌었을 무렵) 나는 듀퐁 서클에 있는 헌책방에 들렀다. 한 친구가 토마스 만의 『마의 산』을 읽어보라고 추천했기 때문이다. 그 책은 책꽂이에 없었고, 그 책이 있어야 할 자리에 토머스 머튼의 『칠층산』이라는, 내가 전혀 모르는 책이 꽂혀 있었다.[3] 그때 이런 생각을 했던 게 기억난다. "산에 관한 거로군. 저자의 이름도 M으로 시작하고. 그럼 됐어." 그래서 그 책을 샀다.

1969년 12월 초의 일이었다. 나는 머튼이 그로부터 거의 1년 전에 죽었다는 사실을 곧 알게 되었다. 그러나 그의 자서전을 읽을 때, 그는 살아서 내게 다가왔다. 그를 한 번도 만나지 못한 수백만의 독자에게 그렇게 했듯이 말이다. 읽을 가치가 있는 새로운 저자를 발견한 것 이상의 느낌이었다. 뭐라고 할까, 나보다 나를 더 잘 아는 영적인 친족을 만난 듯했다. 또는 내가 택한 낯선 길 위에서 나와 동행해주는 여행가 친구처럼 느껴졌다. 그 길이 나를 택했는지도 모르지만.

나는 이 새로운 친구에 대해 더 알고 싶어서, 그가 쓴 모든 글을 읽기 시작했다. 머튼의 추종자들이 알고 있듯이, 이것은 평생에 걸친 프로젝트가 될 터였다. 그 사람은 생전에만 적어도 70권의 책을 출간했다. 그가 죽고 나서 책이 몇 권이나 더 나왔는지는 기억나지 않는다. 머튼의 사후死後 실적은 '죽고 나서 출간하는perish and publish' 대학교수들에게 연구 실적을 요구하는 표현 '출간하지 않으면 쫓겨난다publish or perish'를 패러디한 것 첫 번째 사례로 알려져 있다.

머튼을 읽기 시작하고 나서 몇 년 뒤, 그가 루이 마시뇽이라는 프랑스 학자와 주고받은 편지에 대해 알게 되었다. 마시뇽은 9세기 무슬림 신비주의자 알할라즈의 생애와 업적을 서양 독자들에게 소개했다. 마시뇽은 자신과 알할라즈의 관계를, 학자와 연구 주제의 관계라기보다는 "우정, 사랑, 그리고 구원"이라고 느꼈다.4 역사적으로 망각될 뻔한 알할라즈를 자기가 구했다는 의미가 아니라, 그 무슬림 신비주의자가 자신을 구하러 시간을 건너왔다는 의미다.

내가 『칠층산』을 읽고 또 읽을 때 머튼도 내게 바로 그런 존재였다. 거의 50년이 지난 지금도 나는 그의 글을 읽고 있는데, 여전히 거기서 우정, 사랑, 그리고 구원(희망의 메신저가 되는 데 필수 요소들)을 발견한다. 희망을 다른 사람들에게 전한다는 것은 그들에게 뭔가를 촉구하거나 격려하는 것과 무관하다. 그것은 영혼을 존중하고 마음을 북돋우며 정신에 영감을 주는 것, 발걸음을 서두르는 것, 그리고 그 길에서 우리에게 고통을 주는 상처를 치유하는 것일 뿐이다.

거의 반세기 동안, 머튼은 내 여정을 밝히면서 동행해주었다. 내가 어디에서 왔고 어디에 서 있으며 어디로 향하고 있는지를 볼 수 있도록 생기 있는 길을 열어준 것이다. 그 네 가지 길에 대한 몇 편의 성찰을 아래에 정리해본다.

## 참자아의 탐구

우선 머튼은 '참자아'와 '거짓 자아'를 구분하는데, 이 중추적인 구분은 내가 왜 학문의 숲에서 빠져나와 미지의 땅을 향해 걸어갔는지를 이해하는 데 도움을 주었다. 이성적인 사람이라면 아무도 나의 초기 직업에 대한 결정을 '똑똑한 경력 전환'이라고 말하지 않을 것이다. 그러나 머튼의 눈으로 보면 그것은 참자아의 명령에 응답하려는 일생에 걸친 노력의 첫걸음임을 알 수 있다. 그 명령은 '이 일을 하지 않을 수 없을걸'이라고 계속해서 말하는 내면의 목소리의 근원이다.

나는 감리교 교회에서 자라났고, 그 전통이 내게 준 선물의 가치를 안다. 그러나 내 종교적인 여정(대학에서 종교를 공부하고, 유니언신학대학에서 1년을 보냈으며, 대학원에서 종교사회학으로 박사학위를 받고, 몇몇 프로테스탄트 주류 종파에서 적극적으로 활동했던) 어디에서도 머튼이 헤엄치고 글로 썼던 명상적인 영성의 물줄기는 접하지 못했다.

참자아의 탐구에 대한 그의 생각은, "누구에게나 하느님의 참자아가 있다"는 확신과 함께 결국 나를 퀘이커교로 이끌었다. 참자아의 탐구와 하느님에의 탐구, 그것은 차이가 없는 구분으로서, 나의 영적 생활을 구원했을 뿐 아니라 그 안으로 더욱 깊이 인도해주었다.

"우리 대부분은 스스로를 인격화하면서 살아간다"고 머튼이 명석하게 통찰했듯이,5 신에게 부여받은 자아를 이 땅에서 한 번도 드러내보지 못했다는 느낌으로 죽는 것보다 더 슬픈 일은 없으리라고 생각한다. 설령 머튼이 내게 다른 어떤 것을 더 전해주지 않았다 해도, 참자아로 살아가기를 북돋워준 것만으로 그와 나 사이의 관계는 '우정, 사랑, 그리고 구원'이라고 부르기에 충분하고도 남는다.

### 역설의 약속

역설의 관념은 머튼의 영적·지적인 삶에서 핵심을 이룬다. 단지 철학적 개념으로서만이 아니라, 생생한 현실로서 그러하다. 내 삶에서 드러나는 수많은 모순을 생각하면, 머튼의 저작 가운데 『토머스 머튼의 영적 일기』에 붙인 격문만큼 그의 영혼에 가까이 다가가게 한 것은 없다. "나는 역설의 배요나가 고래에게 잡아먹혀 그 배 속에서 지낸 것을 비유함 속에 있는 운명을 향해 여행한다."6 내 첫 책의 제목이 『역설의 약속』이 된 것, 그 책이 머튼에 대한 에세이로 시작되는 것은 우연이 아니다.

머튼은 '이것 아니면 저것'이라는 논리의 렌즈만이 아니라 '둘 다'라는 역설의 렌즈로 삶을 바라보는 것 또한 얼마나 중요한지를 내게 가르쳐주었다. 노벨 물리학상 수상자인 닐스 보어가 말했듯이, "올바른 진술의 반대는 거짓 진술이다. 그러나 심오한 진리의 반대는 또 다른 심오한 진리다".[7] 역설적으로 생각하기는 창조성의 열쇠다. 그것은 새로운 것을 향해 정신과 마음을 열어놓으면서, 갈라지는 생각들을 끌어안는 능력이다. 역설적으로 사는 것은 인격의 온전함에 이르는 열쇠다. 그것은 자기모순을 끌어안는 능력에 달려 있다.

나는 패러독스의 관점으로 삶의 프레임을 다시 짜면서 궁지에서 벗어날 수 있었다. 세 번의 깊은 어둠(요나가 고래의 배 속에 있었을 때 같은 어둠)이라는 파괴적인 경험이 내 또 다른 부분인 빛을 부정하지 않는다는 점을 이해하게 된 것이다. "하느님이여, 하느님이여, 왜 나를 버리셨나이까?" 빛이 있음에도 불구하고 어둠 속에 거꾸러졌을 때 내가 거듭 던졌던 질문이다. 그 응답으로, 패러독스에 대한 머튼의 생생한 이해가 나를 구출해주었다. 온전해지려면, 어둠과 빛 둘 다 나라고 말할 수 있어야 한다.

역설적인 생각은, 성장을 억제하고 가로막는 기독교 신앙관으로부터도 우리를 구원해준다. 그런 신앙관은 실제로는 살아 있는 하느님 위에 신학적인 추상화를 올려놓는 우상숭배다. 도교, 선불교, 수피즘을 깊이 이해했던 머튼은 이를 매우 격렬하고 강력하게 언어화했다. 이것을 진지하게 받아들였다면, 기독교 세계도 달라졌을 것이다.

십자가는 모순의 표식이다. 율법·제국·군대의 심각함을 깨부수는…… 그러나 마법사들은 그 십자가를 자기네 목적에 맞게 바꾸려 한다. 그렇다, 그들에게도 십자가는 모순의 표식이다. 십자가를 자비와 모순되도록 만드는 종교적 마법사들의 끔찍한 신성모독! 이것은 물론 궁극적인 유혹이다. 그리스도는 모든 문을 잠그면서 하나의 답을 주었다고 한다. 모든 것을 정리하고 떠나갔다고 한다. 그렇게 되면 결국 모든 생명은 끔찍스런 시스템의 일관성에 갇혀버린다. 바깥에는 저주의 심각함이, 안에는 구원받은 자들의 참을 수 없는 경박함이 있는 시스템에서는 자유와 신성한 자비의 신비가 깃들 장소가 전혀 없다. 오로지 그 신비만이 참으로 심각하며, 진지하게 받아들여질 가치가 있는데 말이다.[8]

## 커뮤니티로의 부름

1948년 『칠층산』이 출간된 이후, 겟세마네 수도원은 머튼과 함께 수도 생활을 하려는 젊은이들로 넘쳐났다. 비록 나는 그 파티에 20년이나 늦게 함께했고 머튼은 더 이상 우리 곁에 없었지만, 나도 그들이 원했던 바를 원했다. 그러나 앞서 말했듯이, 가족이 있는 것, 퀘이커 성향인 것을 포함해 내게는 수도사가 되는 데 몇몇 걸림돌이 있었다. 영적 공동체에서 풀타임으로 살아가고자 한다면, 다른 길을 찾아야 했다.

1974년 나는 워싱턴 DC에서 커뮤니티를 조직하는 일을 그만두고 필라델피아 근처에 있는 펜들힐이라는 퀘이커 생활 및 학습 공동체로 가족과 함께 거처를 옮겼다. 그로부터 11년 동안 나는 일과日課 예배, 공부, 노동, 사회봉사를 했고, 영적 공동체 안에서 70여 명과 함께 공동 식사를 하면서 보냈다. 그 공동체는 머튼의 수도사 생활에 대한 내 이미지에 가장 가깝게 닿을 수 있는 모임이었다. 나는 그 수도원을 '고독의 공동체' '홀로 함께 있는' 한 가지 방식이라고 생각했다. 그 속에서 사람들은 릴케가 정의 내린 사랑, "둘 또는 그 이상의 고독이 경계를 그어놓고, 서로를 보호해주고, 서로에게 인사를 하는 것"9을 통해 더욱 충실하게 살아갈 수 있었다.

펜들힐에서 10년 넘게 살면서 내 직업관이 어떻게 깊어지고 단단해졌는지는 여기서 언급하지 않겠다. 다른 곳에서 다룬 주제이기 때문이다.10 퀘이커 전통에서 내가 무엇을 발견했는지를 말하는 정도로 충분할 듯싶다. 거기서 나는 사회적 관심사를 가지고 내면으로 떠나는 여행에 합류하는 길을 찾았다. 그 길의 발견은 이후 사람들이 다양한 삶의 발걸음으로 '영혼과 역할을 재결합시키는' 것을 돕기 위한 국제 비영리 단체 '용기와 회복 센터CCR'의 설립으로 이어졌다.11 펜들힐에서의 경험 역시 '사회 주변부'로 한 걸음 더 나아갈 수 있도록 이끌어준 셈이다. 1985년 그 공동체를 떠난 이후, 나는 삶의 대부분을 작가, 교사, 그리고 활동가로서 독립적으로 일하면서 살고 있다.

주변부에서 일할 용기가 흔들릴 때, 나는 머튼이 죽기 몇 시간 전에 방콕의 어느 국제 수도사 콘퍼런스에서 했던 마지막 연설로부터 자신감을 얻는다. 자신의 수도원과 조국에서 도망칠 수밖에 없었던 어느 티베트 라마의 말을 인용하면서, 머튼은 수도사들에게 충고했다. "형제들이여, 이제

부터 모두 스스로 서야 합니다."12

우리의 주된 사회(정치, 경제, 종교) 제도들이 심각한 기능 부전에 빠져
있는 역사적 시점에 내게 큰 울림을 주었던 그 연설에서 머튼은 이렇게 말
한다.

정치권력이나 어떤 정치 세력에 의해 언제든 파괴될 수 있는 구조에는 더 이
상 의존할 수 없습니다. 구조에 기댈 수 없다는 말입니다. 구조는 좋은 것이
고, 우리에게 도움이 되어야 하며, 그것이 좋아질 수 있도록 우리는 최선을
다해야 합니다. 그러나 사회 구조라는 건 제거될 수도 있지요. 모든 것이 제
거되었을 때, 무엇을 하시겠습니까?13

## 부서진 세계 속 '감춰진 전체성'

나이지리아의 소설가 치누아 아체베의 유명한 표현대로, "모든 것은 무
너져 내린다".14 그러나 머튼의 가장 서정적인 명상록 가운데 하나인 『하기
야 소피아』에서, 그는 영적인 눈으로 현상(그것이 깨진 정치 시스템이든, 깨
진 관계든, 깨진 마음이든)의 표면 아래서 포착할 수 있는 '감춰진 전체성'
에 대해 쓰고 있다.

보이는 모든 것 속에는 보이지 않는 창조력, 흐릿한 불빛, 온화한 무명無名, 감
춰진 전체성이 있다. 이 신비한 통합체와 완전체가 바로 지혜이고, 모든 것의

어머니이며, **능산적 자연**Natura naturans, 만물 생산의 근원적 힘이 되는 자연을 이르는 스피노자의 개념이다.15

이 말도 내게는 희망의 원천이 되었다. 누구나 보는 눈을 갖게 되면, 깨진 것들의 표면 아래 감춰진 전체성을 언제나 발견할 수 있다. 이것은 위로를 주는 생각 그 이상의 것이다. 그것은, 우리가 보는 눈을 갖게 되었을 때, 불교에서 '정행正行'이라 부르는 것을 빚어낼 수 있는 통찰이다.

내 말뜻을 보여주는 한 가지 사례가 있다. 1970년대 초 나는 머튼의 글을 읽으며 빠르게 변화하는 지역사회에서 인종 정의를 위해 어떻게 조직을 꾸릴 것인지에 대해 조금 배우면서 이해하게 되었다. 블록버스팅흑인·소수 민족 등을 전입시켜 백인 거주자에게 불안감을 주어 부동산을 싸게 팔게 하는 투기꾼의 수법, (은행·보험회사에 의한) 특정 경계지역 지정 등으로 부도덕한 부동산 관행에 항거하는 것처럼, 사람들이 하기 싫어하는 일을 하도록 밀어붙이는 것은 나의 일이 아니었다. 그 대신, 그들이 정말로 원하지만 스스로의 힘으로 해나가기엔 너무 수줍고 두려운 것(정의 어젠다와 관련된 것)을 할 구실을 주고 승인할 필요가 있었다.

이를테면 내가 살면서 일하던 동네의 주민은 '낯선 사람'을 이미 한번 회피한 적이 있다. 그들을 사로잡은 두려움은 결국 백인들로 하여금 떠나가도록 했다. 그러나 그들은 마음 깊은 곳에서 알게 되었다. 더 이상 도망갈 곳이 남아 있지 않다는 것, 인간 공동체의 다양성에서 벗어날 곳이 없다는 것, 다양성을 끌어안으면 삶에 평화와 풍요가 찾아오리라는 것을.

두려움을 조작해 이익을 창출하는 부동산 관행을 멈추게 하는 첫발은 간단하다는 것을 나는 알고 있었다. 오래된 주민과 새로 들어온 주민이 얼굴을 마주할 기회를 자주 갖도록 하는 것, 그래서 '타자'가 위협이 아닌 축복이 될 수 있음을 배우도록 하는 것이었다. 하지만 사람들에게 불가능한 것(가령 "그냥 낯선 사람이 사는 집의 문을 두드리고 누가 나오든 그와 사귀어보라"든지)을 요구하는 대신, 나는 동료들과 함께 자연스러운 상호작용이 일어나도록 활동을 짜고 상황을 만들어내기 시작했다. 몇 가지 예를 들자면, 가가호호 방문 조사, 이웃 파티, 민족 음식 축제, 공통의 관심사를 가지고 거실에서 대화 나누기 등의 프로그램이 있었다.

우리와 늘 함께하는 '타자성'의 긴장 속에서, 우리는 인간의 영혼이 갈망하는 삶의 '연결성'을 향한 속 깊은 욕망에 따라 행동할 수 있도록 사람들을 도왔다. 그리고 그것은 제대로 작동했다. 시간이 지나면서, 우리와 다른 많은 사람의 노력 덕분에, 산산조각 날 뻔했던 공동체에 다양성이 깃들었고, 우리는 더 온전해졌다.

물론 모든 것이 언제나 그렇게 순조롭지만은 않다. 역사는 가능성의 비전이 비극적 실패로 끝난 사례로 가득하다. 비전이 심오할수록, 그것을 성취할 가능성은 줄어든다. 그러나 머튼은 여기서도 역설적인 희망의 메시지를 전해준다.

결과의 희망에 의지하지 마십시오. (…) 기대와 정반대의 결과가 나오는 정도는 아니라 해도 여러분의 일이 무가치하게 보일 수 있으며 심지어 아무런 결과를 이뤄내지 못했다는 사실을 직면해야 할 수도 있습니다. 이런 생각에 익숙해지면, 결과가 아닌 가치, 옳음, 그리고 일 그 자체의 진실에 점점 더 집중하게 될 것입니다.[16]

결과에 연연하는 한, 우리는 결과가 나오는 점점 더 작은 과업에만 매달리게 될 것이다. 사랑, 진실, 정의 같은 가치들(결코 완전하게 성취되지 않을 가치)을 따라 살고자 할 때는, 오직 '충실함'만이 판단 기준이다. 내가 죽을 때, 최종 결산으로 질문을 받지는 않을 것이다. 내 재능에, 주변의 필요에, 그 필요와 나의 재능을 연결시키는 방식에 충실했는지를 질문받을 것이다. 내가 가진 최상의 것을 최선을 다해 세상에 내어주는 일의 가치, 정의와 진실에 충실했는가를.

이를 이해하는 데 있어 (그리고 나의 수많은 결점에도 불구하고 이런 식으로 살 수 있다는 믿음을 갖게 된 데 있어) 나는 친구이자 여행의 동반자이며 희망의 메신저인 토머스 머튼에게 빚을 지고 있고 그에게 깊은 감사를 느낀다.

# 아래로 내려가는 것이 행복하다

사십대에 우울증과 씨름하다 심리치료사를 찾아갔는데, 그는 이렇게 말했다. "당신은 자신에게 일어나는 일을 당신을 때리려는 원수의 손처럼 여기는 것 같아요. 그 이미지를 당신이 안전하게 땅에 발 딛고 설 때까지 당신을 잡아줄 친구의 손으로 바꿀 수 있을까요?"•

　난 처음에 '새로운 심리치료사를 찾아봐야겠군' 하고 생각했다. 우울증에 빠지면, 당신을 잡아먹으려고 달려드는 악랄한 사탄이 사실은 당신의 영원한 친구라는 누군가의 말이 모욕일 뿐 아니라 심지어 헛소리라고 생각하게 된다. 하지만 시간이 지날수록 치료사가 말한 그 이미지는 내 안에

---

• 우울증은 복잡한 주제다. 나는 내 경험에 대해서만, 최소한 내가 이해한 만큼 쓸 수 있을 뿐이다. 이 책에서 내가 말하는 것을 모든 우울증에 적용할 생각은 없다. '처방전'은 더더군다나 아니다. 이 야기의 초점은 내 우울증의 상황적 요소들에 초점을 맞추고 있다. 물론 거기에는 뇌의 화학작용과 유전적 요인들도 관련되어 있긴 하다. 사람들은 때로 내게 항우울제 복용에 대해 '찬성이냐 반대냐'를 묻곤 한다. 나는 세 번의 우울증을 앓는 동안, 땅에 발을 딛고 있기 위해 6개월에서 12개월 정도 약을 먹었다. 그렇지만 어떤 이들은 평생 약을 필요로 한다. 나는 우리를 진정으로 고통에서 벗어나게 해주고, 우리가 할 수 있는 것을 하며 충만하게 살 수 있도록 해주는 것이라면 무엇이든 찬성이다.

서 천천히 고통을 재구성하고, 정신 건강이 회복되도록 우호적인 힘으로 작동하기 시작했다. 나는 "내려가는 것이 행복해지는 방법"이란 심리치료사의 말이 진심임을 어렴풋이 알고 있었다.

40년 동안 나는 '더 위로 더 멀리' 가는 것이 옳은 방향이라는 생각에 사로잡혀 살았다. 나는 높은 곳에 올라가려고 열심히 일했다…… 음, 왜냐하면 높은 곳이 낮은 곳보다 더 낫기 때문이다. 그렇지 않은가? 아니, 그것은 틀렸다. 높은 곳에서 살아가는 것은 위험하다. 누구나 그렇듯이 우리는 넘어질 때가 있다. 그럴 때 높은 곳에 사는 우리는 천길만길 떨어지게 된다. 그리고 그 추락은 우리를 죽일 수도 있다. 그러나 땅에서의 삶은 (우리 본성의 실제 모습, 우리가 세계와 맺는 올바른 관계에 입각한 삶은) 발을 헛딛거나 넘어져도 큰 상처 없이 스스로 일어나 툭툭 털고 다음 발걸음을 내딛도록 해준다.

내가 살던 고지는, 올바르게 쓰인다면 우리에게 매우 도움이 될 만한 네 가지 인간 능력의 오용으로부터 비롯되었다.

**지성:** 생각하기는 내가 가치를 두는 능력이다. 그런데 학자인 나는 그냥 생각하는 것이 아니라, 땅에서 가장 멀리 떨어져 있는 신체 부위인 머릿속에서 주로 살도록 훈련받았다. 가슴으로 전해진 정신을 가지고 사고하는 법(지적으로 알고 있는 것과 경험적으로 알고 있는 것의 통합)은 그 훈련 프로그램에 포함되어 있지 않았다.[17]

**자아:** 우리 모두는 자아의 힘, 성장 가능한 자아감을 필요로 한다. 하지만 나는 부푼 자아를 타고 하늘 높이 떠 있었다. 모름지기 이러저러해야 한다고 생각하는 모습보다 스스로 부족하다는 신경증적 두려움을 위장하기 위해 건강한 수준 이상으로 스스로에 대해 생각하도록 이끈 자아 말이다.

**영성:** 삶의 광대함에 연결되려는 정신적 갈망은 개인의 경험을 강력하게 증진시킬 수 있다. 하지만 내가 받아들인 영성은 삶의 자질구레한 것들과 지상에서 관련을 맺기보다 그것을 넘어 비상하는 것이었다. 내가 자라온 기독교적 전통("말씀이 육신이 되었다"에 기반한 전통)은 어떻게 그토록 육체로부터 분리되었을까?

**윤리:** 나는 도저히 도달할 수 없는 윤리(누구여야만 하며, 무엇을 해야만 하는지에 대한 타인들의 이미지로 형성되는 윤리)를 따라 살려고 노력했다. 내가 필요로 했던 것은 진실되며 가능한 것, 그리고 파괴된 곳들을 포함한 있는 그대로의 나에게 생명을 주는 정직한 통찰이었다.

이 외부의 '당위들'은 내 삶에서 오랫동안 영향력을 행사했다. 그리고 내가 그것들에 부응하는live up to 데 실패하자(up위로이라는 단어가 좋은 삶에 관한 대화에 얼마나 자주 숨어드는지 보라) 나는 스스로를 나약하고 미덥지 못한 사람이라고 여겼다. 포부는 드높고, 그에 미치지 못했을 때 느끼는 죄의식의 수준도 높은 도덕적 발달 단계에 고착되어 있었던 것이다.

좋은 삶을 위한 공식은 이러하다. 목표를 높이 잡아라, 그리고 낮게 달성하라, 그리고 스스로를 형편없다고 느껴라.

다양한 이슈 및 조직과 씨름하며, 나는 늘 질문했다. "이러저러한 것은 내가 누구인가에 대한 감각과 맞아떨어지는가?" 또는 "이러저러한 것은 진실로 내 재능이며 소명인가?" 그 결과 내 삶의 중요한 부분들은 내가 살아갈 삶이 아니었고, 나는 실패할 수밖에 없었다. 사실 우울증은 안전하게 딛고 서 있을 수 있는 땅(한계와 가능성, 부채와 자산, 어둠과 빛이 뒤죽박죽 섞여 있는 내 존재의 땅)으로 나를 눌러주는 친구의 손길이었다.

결국 나는 우울증이 어떻게 '친구 되기'의 의도를 가질 수 있는지, '삶을 경청'하지 못했을 때 어떻게 깊은 고통의 자리에 남겨질 수 있는지를 하나의 이미지를 통해 이해하게 되었다. 상상해보라. 우울증이라는 친구는 내 이름을 부르며, 내 관심을 끌려고 애쓰며, 여러 해 동안 내 뒤에 한 블록 떨어져 걷고 있었던 것이다. 나에 관해 난해하지만 치유의 힘을 주는 진실들을 말해주고자. 하지만 나는 무슨 말을 들을까 두려워하며, 또는 배울 게 전혀 없다고 무례하게 확신하며, 그의 부름을 무시한 채 계속 걸어갔다.

그러자 내 친구는 더 가까이 다가와 내 이름을 큰 목소리로 불렀고, 나는 돌아보지 않은 채 걸음을 계속했다. 그는 더 가까이 다가와서는, 내 이름을 외쳤다. 내 묵묵부답에 좌절한 그는 돌을 던지며 막대기로 나를 치기 시작했다. 그 친구는 여전히 나의 관심을 얻는 것 외에 어떤 것도 원하지 않았다. 그러나 나는 고통스러워하면서도 계속 뿌리치며 걸어갔다.

부름과 외침으로도, 막대기와 돌로도 내 관심을 얻지 못하자 내 친구가 할 수 있는 일은 한 가지밖에 없었다. 우울증이라 불리는 바위를 내게 떨어뜨리는 것이었다. 그는 그렇게 했다. 나를 죽이려는 의도에서가 아니라 나를 그에게로 돌려세우려는 필사적인 노력으로. 그리고 그는 간단한 질문 하나를 던졌다. '너는 무엇을 원하는가?'

마침내 그에게로 돌아서서 그가 내게 제공하려던 자기 인식을 받아들이고 그에 따라 행동하기 시작했을 때 나는 행복으로 향한 첫걸음을 뗄 수 있었다.

토머스 머튼은 그 친구를 '참자아'라고 불렀다. 이것은 우리를 부풀리려는 에고적 자아가 아니다. 논리적이지만 땅에 발을 딛지 못한 생각들로 자질구레한 삶을 위에서 내려다보며 맴돌고 싶어하는 지적 자아도 아니다. 이는 다른 누군가의 '당위성들'에 따라 살길 원하는 윤리적 자아도 아니다. 천국으로 곧장 날아가려는 영적 자아도 아니다.

참자아는 우리가 지상에 도달할 때 함께하는 자아이며, 그저 태어난 모습 그대로의 우리가 되길 원하는 자아다. 참자아는 우리가 누구이며, 삶의 생태계 내 어디에 놓여 있는지, 어떠한 '올바른 행동'이 우리를 위한 것일지, 그리고 어떻게 좀더 온전하게 우리 자신의 잠재성 안으로 성장할 수 있는지를 이야기한다.

옛 하시디즘 이야기가 상기시키듯, 우리 사명은 다른 누군가의 삶의 형상이 아닌 참자아의 형상으로 사는 것이다.

랍비 수시야는 죽기 전에 다음과 같이 말했다. 내세에 내가 듣게 될 질문은 '너는 왜 모세처럼 살지 않았는가?'가 아니다. '너는 왜 수시야로서 살지 않았는가?'일 것이다.[18]

스스로에게 남기는 메모: 땅에 머물러라, 돌아보라, 질문하고, 경청하라. 참자아는 참된 벗이다. 그것은 우리가 위험을 감수하면서도 못 본 체하는 우정이다. 그리고 이 말을 전하라. 친구는 자기 친구를 높은 곳에 살도록 내버려두지 않는다.

# 겨울 숲에서 일주일을 보내며*

## 1월 11일 월요일

한밤에야 눈 덮인 위스콘신 시골의 미리 예약해둔 오두막에 도착. 영하의 바람을 피해 재빨리 안으로 들어가 불을 지피고 짐을 푼다. 바깥엔 생기로 가득한 넓은 들판과 깊은 숲이 펼쳐져 있다. 안에는 오직 나 혼자다. 그리고 충분한 옷가지, 음식과 책, 그러니까 침묵과 고독의 일주일을 지내는 데 필요한 몸과 영혼의 물질들이 있다.

어제 짐을 싸는데 친구는 내게 혼자 지내는 게 좋으냐고 물었다. 그래서 이렇게 대답했다. "누가 나타나느냐에 따라 달라. 나는 나의 가장 친한 친구이자 때로는 앙숙이기도 하지. 내일 오두막에 도착하면 누가 날 기다리고 있는지 알게 되겠지."

---

* 매년, 나는 일주일간 혼자서 겨울 피정을 갖는다. 이것들은 2016년 1월 중순에 쓴 일기에서 발췌한 것이다.

9시. 퀘이커의 자정까지 한 시간이 남았지만 이제 잠들 시간이다. 졸리지만 마음은 평화롭다. 응시하던 장작불이 내가 끌고 온 걱정들을 태워버린 듯하다.

## 1월 12일 화요일

새벽 5시 기상. 어두컴컴한 새벽에 한 시간 정도 누워 어젯밤 모닥불에 타버린 줄 알았던 어두운 감정들이 불사조처럼 잿더미에서 일어나 폴폴 날아다니며 내 주의를 끄는 것을 바라본다. 마울라나 젤랄렛딘 루미는 「여인숙」이라는 시에서 이렇게 말한다. "누가 오든 감사히 여기라. 모든 손님은 저 너머에서 보낸 안내자들이니까."[19]

'저 너머의 것'과 이야기를 나눌 필요가 있겠다. 그것은 내가 평온을 찾아 이곳에 왔다는 메모를 받지 못한 듯하다.

몇 시간이 지난 지금, 다시 그 평화를 느끼고 있다. 자타가 공인하는 요리 젬병이지만, 베이컨, 달걀, 토스트를 같이 준비했고, 먹으면서 마음이 가라앉았다. 떠오르는 태양 아래 눈부시게 빛나는 눈 덮인 들판, 겨울나무 그림자와 그 가지 끝에 달린 눈송이를 보며 마침내 평온이 찾아들었다.

루미가 언급한 '저 너머'는 옳았다. 빛과 그림자의 상호작용을 끌어안으면서 다시 평온이 찾아왔다. 맛있는 아침 식사도 한몫했다. 식사를 마치고, 『토머스 머튼과의 1년』이라는 일일 명상 모음집의 1월 12일 자를 읽었다.

내가 '명상하기 위해 노력'하지 않을 때 또는 뭔가 특별한 것이 되려고 노력하지 않을 때(…) 더 깊은 평안이 찾아오는 듯하다. 그런 유의 평안은 이런 시기에 나 같은 인간에게 요구되는 바에 삶을 온전하고도 완전하게 맞추기만 하면 찾아온다.[20]

단순한 진리이지만, 범생이 유형의 영적 분투에서 쉽사리 놓치게 된다. 나와 같은 인간에게 이 아침에 필요한 것은 요리에 재능이 없어도 아침 식사를 만드는 것뿐이다. 아무리 평범하더라도 혹은 내가 좀 서툴더라도, 필요하고 손에 닿는 것이면 무엇이든 해야 하는 것이다.

오늘 오후, 체감 온도는 영하 6도였지만 내게 필요한 것은 하이킹이었다. 어니스트 섀클턴영국의 탐험가은 아니지만, 중서부 지역에 오래 살면서 배운 것 하나는 밖으로 나가 겨울 속으로 뛰어들지 않으면 겨울 때문에 미쳐버린다는 것이다. 여기서 '겨울'은 문자 그대로의 의미이자, 은유적 의미를 함께 담고 있다.

알베르 카뮈가 말했듯이 "겨울의 한가운데서도 내 안에 물리칠 수 없는 여름이 있음을 나는 마침내 배웠다". 하이킹을 하며 여름을 발견할 순 없었다. 하지만 꽁꽁 얼어붙은 대초원 위에 내린 햇살이 내 얼굴 위에도 따스하게 내려앉았다. 그리고 7월에 봤던 코발트색 하늘과 느릿하게 하늘을 맴도는 매의 날갯짓을 오늘도 볼 수 있었다. 내게 그것은 위스콘신의 1월치고는 충분히 여름에 가깝다.

## 1월 13일 수요일

어젯밤에는 알 수 없는 이유로 잠을 설쳤다. 침대에 들어가기 한 시간 전, 영적 규율에 대한 책을 읽으며 주지프루트여러 가지 맛과 모양의 과일 사탕 한 상자를 몽땅 비웠다. 그 책의 몇몇 포인트는 그럴듯했으나 전반적으로 잘 쓰이진 않았다. 그 지루함을 달랠 자극제로 주지프루트를 먹어치운 것이다. 내게 어떤 규율이 필요하다는 나쁘지만 명백한 증거다.

지금은 기분이 좀 낫다. 두 번째 시도로 오트밀을 만들어 먹었는데 그게 날 좀 진정시키는 듯하다. 오트밀처럼 완벽한 위안이 되는 음식이 또 어디 있을까. 처음 시도했던 오트밀은 물을 너무 많이 넣었고, 버너에 너무 오래 올려놓았다. 프라이팬이 금속에 알곡이 버무려진 아방가르드 조각품처럼 보였다. 기계 시대의 농민 문화 정도로 이름을 붙이면 될 듯하다. 다시금 내 얼치기 요리사 자격증이 완전히 복원되었다.

오늘의 주제는 '고독 속에서 범하는 실수들' 정도가 되지 않을까. 혼자 있을 때 저지르는 실수는 나를 미소 짓게 한다. 다른 사람 앞에서 실수를 저지른다면, 당황하거나 스스로에게 화를 낼 것이다. 때로 자기를 받아들이는 일은 주변에 아무도 없을 때 더 쉽다.

도교의 스승 장자는 어떤 사람이 강을 건너는데 자기 배에 빈 배가 와서 부딪힌 이야기를 한 적이 있다. 그 사람은 화를 내지 않는다. 그 빈 배에 사람이 타고 있었다면 화를 낼 것이다. 장자는 말한다. "세상이라는 강을 건널 때는 배를 비우라."[22]

모든 것의 가장자리에서

고독 속에서 나는 내 배를 비울 수 있다. 하지만 과연 다른 사람들과 함께 있을 때도 그게 가능할까? 아마 가능할 것이다.

고독은 사람들과 떨어져 사는 것을 의미하지는 않는다. 또한 자신에게서 떨어져 사는 일도 결코 아니다. 고독은 타인의 부재를 이야기하는 것이 아니라, 곁에 누가 있든 자기 자신에게 온전히 현존하는 것이다.[23]

내 책에서 발췌한 것이니, 나 자신이 시도 정도는 해봐야 하지 않겠는가.

### 1월 14일 목요일

새벽 2시에 눈이 떠졌다. 그러고는 지난 77년 동안 잘못한 몇 가지 일을 후회했다. 내가 더 상냥하거나 더 용감하거나, 혹은 덜 자기중심적이었다면. 그리고 내가 제대로 해낸 일들에 이름을 붙여주는 고된 시간을 가졌더라면 좋았을 거라고 생각했다.

새벽 2시에는 거의 항상 마음이 흐트러진다는 것을 떠올리면서, 4시에 몸을 일으켜 옷을 갈아입고 커피를 내린 다음, 차가운 어둠 속에 서서 동남쪽에서 비너스가 은은히 빛나는 것을 바라보았다. 비너스, 사랑의 여신이라. 도움이 되었다.

『토머스 머튼과의 1년』의 1월 14일 자를 폈다. 내 오래된 친구는 이번에도 내게 필요한 말들을 준비해놓고 있었다. 그 자신의 인생에서 옳고 그름이 복잡하게 뒤섞이는 것에 대한 글이었다. "나는 모순 속에 던져졌다. 이를 이해하는 것은 자비이며, 받아들이는 것은 사랑이고, 다른 사람들도 똑같이 그렇게 하도록 돕는 것은 연민이다."[24]

머튼은 우리 인생에서의 모순은 창조성의 에너지라고 말한다. 맞는 말이다. 만약 우리가 모든 것을 옳고 그름으로 따진다면, 성장을 촉진하는 신성한 불만이나 가능성의 감각을 얻지 못할 것이다. 우리가 잘못한 일들은 우리를 더 나은 무언가를 향해 나아가도록 해준다. 우리가 잘한 것들은 '더 나은 것'이 우리가 닿을 수 있는 범위 안에 있음을 새삼 확인시켜준다.

스스로에게 남기는 메모: 새벽 2시에는 절대 제정신이 될 수 없다는 점을 잊지 마라. 문을 열고 밖으로 나가, 뇌에 신선한 공기를 최대한 자주 넣어줘야 한다. 올바른 장소라면 어디에서나 사랑을 찾아라. (비너스도 시작하기에 나쁘지 않은 장소다.) 모조리 실패한다면, 커피를 내리도록.

이제 눈을 좀 붙여야겠다.


## 1월 15일 금요일

아침엔 뚜렷한 이유도 없이 미소와 함께 일어났다. 루미가 '저 너머에서 보낸 안내자들'이라고 말한 '손님들' 가운데 하나였다. 그러나 이번 손님은 환대하는 빛, 곧 터질 것 같은 웃음이었다.

내 영웅들은 대부분 '웃음'에 익숙한 이들이다. 파머 할아버지가 가장 먼저 떠오른다. 그분은 "상식과 유머 감각은 본질적으로 같지만 다른 스피드로 움직이는 것"이라는 윌리엄 제임스의 주장을 확실하게 입증한 분이다.

열네 살 때 할아버지가 운전을 가르쳐준 적이 있는데, 나는 아이오와 시골 대로변에서 멍청하고 위험하게 정지 신호를 못 보고 지나쳤다. 결국 손을 벌벌 떨면서 길 한복판에서 이러지도 저러지도 못한 채 차를 멈췄고, 할아버지는 잠시 불길한 침묵을 지켰다. 그러고는 무뚝뚝하게 "만약 네가 이런 짓을 할 줄 알았다면, 너한테 운전을 가르쳐준다고 하진 않았겠지"라고 했을 뿐, 큰 사고를 낼 뻔한 그 일에 대해서는 한마디도 언급하지 않았고, 그날 이후 나는 63년 동안 무사고 면허 보유자다.

머튼의 유머 감각은 잘 알려져 있다. 유머 감각은 수도사들 사이에서 드물지 않은 자질이다. 수도사 초년 시절의 감동적인 이야기를 담은 『토머스 머튼의 영적 일기』의 구절 하나는 날 언제나 미소 짓게 한다. "나는 경건한 생각을 지니고 있었지만, 그것을 글로 옮기지는 않을 것이다."[26]

오브리 메넌의 「라마야나」라는 힌두 서사시의 한 구절도 나는 무척 좋아한다.

세 가지 진실한 것이 있다. 신, 인간의 어리석음, 그리고 웃음이 그것이다. 앞의 두 가지는 우리의 이해 너머에 존재한다. 그러므로 우리는 웃으면서 할 수 있는 것들을 해야 한다.[27]

오늘 나는 이 세 가지 모두를 경험하리라고 확신한다. 마음을 열면, 신은 언제나 거기에 있다. 인간의 어리석음은 어디에 가든 드러난다. 웃음은 어떤가. 스스로를 비웃는 것만으로도 하루 두세 시간을 보낼 수 있으니, 아무 문제가 없다.

## 1월 16일 토요일

오늘 자 『토머스 머튼과의 1년』은 이렇게 시작한다. "헛된 요구에 맞춰 자신을 몰아"가지 않는다면, "자신이 원하는 삶을 만들어나갈 수 있다". 내 삶을 원하는 대로 만들어갈 수 있다는 데 전적으로 동의하지는 않는다. 그러나 나의 소명과 정체성을 왜곡하는 요구를 스스로에게 부과하기를 멈춘다면 도움은 될 것이다.

고독과 침묵 속에 닷새를 지내고 나니, 이곳으로 올 때 내 안에 드리웠던 여러 요구가 가벼워지거나 흩어져 날아가는 것이 보인다. 이번 주에는 그 요구들에 부응하기 위해 한 일이 거의 없다. 교훈은 명확해 보인다. 그 요구들이 대부분 선동된 마음의 발명품이라는 것. 정신이 평온해진 지금, 그것의 횡포는 누그러들었고, 더욱 평온함을 느낀다.

사업을 했던 아버지가 긴장과 압박감을 어떻게 다루었는지에 대해 들려준 이야기가 떠오른다. 아버지의 사무실에는 다섯 개의 서랍이 달린 오른손잡이용 받침대 책상이 있었다. 아버지는 오늘 받은 우편물은 가장 밑에 있는 서랍에 두고, 어제의 우편물은 다시 꺼내 그 위에 있는 서랍으로 옮기면서 일을 했다. 아버지는 가장 위 서랍까지 올라와야만 우편물을 열어 봤다. 그 시간까지 사람들이 편지로 쓴 문제의 절반은 그럭저럭 해결되었고, 나머지 절반은 편지가 도착하자마자 읽어야 할 만큼 절박하지 않았다고 아버지는 말씀하셨다.

정말로 그랬느냐고? 잘 모르겠다. 아버지는 도덕적인 이야기를 좋아했다. 하지만 블랙 엘크가 자신의 부족 아이들에게 교훈적인 이야기를 할 때 말했듯이, "정말 그런 식으로 일이 일어났는지는 나는 모른다. 그러나 당신이 그것에 대해 생각한다면, 진실이라는 것을 알게 될 것이다".[29]

물론 아버지가 일할 당시에는 축복받은 저주라 불리는 이메일이 존재하지 않았다. 그럼에도 불구하고 그분의 이야기는 길을 일러준다. 내 이메일을 다섯 개의 폴더에 담아 아버지가 다섯 개의 서랍을 사용했듯이 사용하라는 것이다. 어떤 면에서, 당신도 당신이 원하는 삶을 만들어갈 수 있으리라 짐작된다.

## 1월 17일 일요일

피정 마지막 날, 나는 여전히 『토머스 머튼과의 1년』 1월 13일 자의 첫 문장으로 명상을 한다. "이 장작 헛간의 은둔처에서 내가 꼭 해야 하는 일이 하나 있다. (…) 죽음을 준비하는 것이다. 그러나 그것은 온화함 속에 준비하는 것을 의미한다."[30]

죽음에서 온화함으로, 얼마나 큰 비약인가. 딜런 토머스의 유명한 충고

"빛이 죽어가는 것에 분노, 분노하라!"[31]와는 사뭇 다르다. 서른다섯 살의 나는 죽음을 향한 분노를 옳다고 여겼었다. 하지만 일흔일곱 살이 되고 보니 딜런 토머스보다는 토머스 머튼의 말에 고개가 더 끄덕여진다.

겨울의 어둠과 추위, 고독과 침묵 그리고 나이에 의해 도드라지는 죽음의 전망은 오래되고 새로운 삶의 여러 표정을 온화하게 대하는 것이 내 사명임을, 나를 포함한 그 모든 것이 살아남고 번성하기 위해서는 조심스럽게 다뤄져야 함을 분명하게 해준다.

물론 이따금은 내 안에 혹은 내 주변에 존재하는, 온화함의 적들에 격렬하게 맞서야 할 때가 있다는 것을 의미하기도 한다. 그것이 모순이라면, 그냥 받아들이자. 토머스 머튼도 찬성할 것이라고 나는 생각한다.

### 잘 다녀오셨습니까

낯설고 눈 덮인 숲 속에서
빙점의 날씨 속에서 홀로 체온을 유지하고자 열심히 걸어가다
오르막길에서 숨을 고르기 위해 잠깐 멈춰 선다
햇빛이 앙상한 나무들을 뚫고 내 얼굴 위에
떨어져 내린다, 맹렬하고 충만한 생명력으로

이제 수월하게 숨을 쉬면서, 땅과 함께 숨을 쉬면서

나는 갑자기 받아들여진 듯한 기분이 든다

나 자신의 기반 위에 강하게, 나무처럼 뿌리 깊게 서 있는 듯 느낀다

그동안 시간과 모든 골칫거리가 사라진다

그리고 (얼마나 오래 지났는지 과연 누가 알겠냐마는) 내가 길을 따라 내려

올 때

나의 오래된 짐들이 되돌아온다,

다시 한번 멈춰서, 그들에게 **안 돼**라고 말한다.

**여기서 안 된다고, 지금 안 된다고, 앞으로도 절대로 안 된다고**

잘 다녀왔느냐고 숲이 내게 건네는 인사를 되돌려받는다

– 파커 파머

**4장**

---

# 일과 소명

삶에 대해 쓴다는 것

나는 열세 살 때부터 조경사로 일하기 시작했다. 세 번의 뜨겁고 긴 여름 내내 잔디를 깎았다. 이후에는 캐디, 해변 방갈로 경비원, 연구원 보조, 지역사회 조직가, 컨설턴트, 교수, 교장, 작가, 비영리 단체 창단 멤버, 그리고 그 외 피정 리더 등으로 전 세계를 돌아다니며 일했다. 밥벌이를 했던 직업 목록과 내가 의미를 부여한 소명의 목록은 같지 않다.

돈을 버는 수단은 꽤 자주 바뀌었지만, 내 소명은 언제나 한결같았다. 나는 교사이면서 동시에 학습자다. 이는 인생의 빽빽하거나 성긴 모든 시기를 통해 일관되게 추구한 소명이다. 해변의 공중화장실을 청소하던 시절에도 인간에 대해 많은 것을 배웠다. 물론 알고 싶지 않은 게 대부분이었지만! 그러나 내 소명은 글을 쓸 때 가장 명료하게 드러났다. 나는 아무 보상도 없이 여러 해 동안 그 일을 했다.

나이가 들수록, 직업과 소명을 명확하게 구별하는 것이 중요하다. 많은 노인, 특히 남자들이 퇴직 이후 절망에 빠지는데, 이는 주요 수입원만이 아니라 (그중 많은 이가 아르바이트나 최저임금을 받는 다른 직업을 찾는다), 정체성을 잃어버리기 때문이다. 그들에게는 밥벌이를 위한 직업이 있었지만, 삶에 의미를 부여하는 소명, 즉 사람이 죽을 때까지 추구할 수 있는 소명이 없었다.

나의 할아버지 제시 파머는 존디어 트랙터 회사에서 일하던 전동 공구 기사였다. 예순다섯 살에 퇴직을 강요받았을 때, 기계들이 쌓여 있던 일터와 정든 동료들을 떠나기가 괴로웠다고 했다. 하지만 할아버지의 소명은 트랙터 부품 만들기가 아니었다. 그분의 소명은 원재료를 유용하거나 아름다운 것으로 바꾸는 일이었고, 할아버지는 퇴사 이후에도 이 열정을 이어갔다.

할아버지가 돌아가셨을 때, 나는 복숭아씨로 조각한 작은 꽃바구니와 작은 원숭이를 물려받았다. 복숭아씨는 특히나 작업하기 어려운 재료였다. 이것들은 작업 책상 옆 선반에 항상 놓여 있다. 글을 쓸 때면 늘 할아버지에게 받은 유품을 보며, 언젠가 글쓰기로 밥벌이를 할 수 없게 된다고 해도 언어를 도구 삼아 광기로부터 의미를 조각해갈 수 있어야 한다고 마음먹는다.

이 장의 첫 번째 에세이인 「어쩌다 저자」는 내 첫 책이 어떻게 발간되었는지에 관한 이야기다. 우리 가족 중 처음으로 대학을 나온 사람으로서, 책을 내는 일은 내 역량 밖의 일처럼 보였다. 하지만 그것이 소명의 추구를 가로막지는 못했으며, 나는 열정을 따라 그저 써야 한다고 느꼈다. 그래서 '어쩌다' 기회가 왔을 때 책을 펴냈고, 그때부터 지금까지 글쓰기를 멈추지 않았다.

「타고난 곤혹스러움」은 내가 글을 쓰기 시작할 때부터 생기를 불어넣어준 타고난 재능에 대한 글이다. 나는 다방면에서 전문가는 아니지만, 언제나 호기심이 가득하고, 쉽게 혼란스러워하거나 길을 잃어버리며, 종종 통로와 출구를 필요로 하는 사람이다. 내게 글쓰기란 하나의 곤혹스러움을 풀고 그다음 곤혹스러움으로 나아가는 주된 방법이었다.

「내가 쓸 수도 있었던 시」는 내가 집필의 소명을 확실히 느꼈지만 2년 동안 썼다 말았다를 되풀이하며 끝내 이루지 못했던 탐색을 다룬다. 그러나 그 탐색의 결과, 오연시 한 편으로 말하고 싶었던 바를 모두 담아냈다. 내가 느리게 배우는 인간이며, 진지하게 추구되지 않는 탐색은 결코 뭔가를 이룰 수 없음을 그 시는 증명하고 있다.

「다시 시작하라」에서는 내가 진짜 작가는 아니라는 점을 이야기했다. 사실 나는 한 페이지의 글을 완성하기 위해 수많은 종잇조각을 휴지통에 버리는, 고쳐 쓰는 사람rewriter이다. 이것은 나의 글쓰기뿐만 아니라, 내 인생 전반에도 적용되는 이야기다. 내가 인정하고 싶은 것보다 더 빈번하게, 나는 전에 배운 교훈들을 잊어버리고 처음부터 시작하면서, 분명히 안다고 생각했던 것들을 다시 배워야만 했다. 나이 들어 좋은 점 가운데 하나는 제대로 알 때까지 배우고 또 배울 수 있다는 것이다.

「한때 푸르렀던 세상으로 다시」는 '생에 대한 글쓰기'에 깊이 몰입해 있을 때 느꼈던 바를 담아낸 시다. 마치 대지에서 나무가 자라나고 대지로 되돌아가 "칭송받지 못한 세계의 뿌리에 자양분을 주"듯이, 내 말은 경험의 온상에서 자라난다.

작가로서의 내 삶이 당신의 나이듦과 무슨 관련이 있는지 궁금한가? 나는 문장과 문단을 작성하고, 에세이와 책을 구성하는 것과, 메리 캐서린 베이트슨의 말을 빌려 "삶을 구성하는 것" 사이에 강력한 유사성이 있음을 발견한다. 이 장 후반부에서 말하겠지만 "우리의 모든 움직임 속에서 (…) 우리는 인생이라 불리는 텍스트의 다음 몇 줄을 불러주고, 그것을 구성해간다". 어떻게 '우리 삶을 쓰는가'는 중요하다. 그리고 죽음을 향해 한 걸음씩 나아가면서, 우리가 써놓은 삶을 편집하는 역량은 더욱 중요하다.

# 어쩌다 저자

가끔 누군가 내게 작가가 되는 법에 대해 물어보곤 한다. 내 컨디션이 좋을 때는 조언을 하지 않는다. 그 대신 상대가 품고 있는 내면의 교사를 깨우기 위해 질문을 던진다. 내면의 교사는 누구나 지니고 있는 가장 믿을 만한 길잡이의 원천이다. 만약 상대가 내게 답을 달라고 조른다면, 가장 좋은 방법은 작가로서의 내 삶을 들려주고, 질문자가 그 안에서 필요한 것을 추려갈 수 있도록 하는 것이다. 나는 이것을 '아류적 조언'이라고 부른다.

이십대 초반에 글쓰기에 대한 충동이 나를 찾아왔고, 바로 여기가 내 머물 곳임이 곧 명백해졌다. 20년 가까이 지나서야 첫 책이 출간되었지만, 난 그때까지 글쓰기를 한 번도 멈추지 않았다. 나의 다이몬고대 그리스 신화에 나오는 반신반인의 존재은 날 내버려두지 않으려 했고, 이날까지 그래왔다. 그러나 진실을 말하자면, 첫 책의 출간에는 다이몬이 몰아붙인 것만큼이나 우연도 작용했다.

1978년 가을, 토머스 머튼에 대한 강의를 하고 있었다. 마지막 수업 날 나는 학생들에게 머튼에 대한 영화를 보여줄 계획이었다. 방콕에서 비극적인 사고로 죽기 한두 시간 전에 그가 남긴 이야기를 기록한 필름이었다. 마지막 강의를 준비하는 막바지가 되어서야 나는 내가 주문한 16밀리 영화(프로젝터를 필요로 하는 릴투릴 필름)가 잘못 배달되었다는 사실을 알게 되었다. (젊은 독자들을 위해 한마디 덧붙이자면, 당시에는 다운로드라든가 스트리밍 같은 것이 전혀 없었고, DVD도 나오기 전이었다.)

수업을 적절하게 마무리 짓고 싶었던 나는 밤늦게까지 석유램프를 켜놓고 필름을 대신하는 강의를 글로 적었다. 내 강의를 좋아했던 학생 중 한 명이 머튼의 열성 팬인 삼촌에게 강의 내용을 보내도 되겠느냐고 물었다. 몇 주가 지나고, 학생의 삼촌은 내게 전화를 걸어 본인은 작은 출판사의 편집장이라고 밝혔다. 그 역시 내 강의 내용을 좋아한다면서, 혹시 그 원고를 출판사의 월간 뉴스레터에 실을 의향이 있는지 물어왔다. 물론 나는 그러겠노라고 대답했고, 손에 돈 한 푼 들어오지 않았지만 마치 로또에 당첨된 듯한 기분이었다.

몇 개월 후, 편집장으로부터 다시 전화가 왔다. "독자 반응이 좋습니다. 이 주제로 쓰신 다른 글들이 있는지요?" 지난 20년 동안 출판사들로부터 거절당했던 원고 더미가 서랍 한가득이었기에, 나는 "몇 개를 캐낼 수 있을 거예요"라고 대답했다. 그는 "바로 보내달라"고 했다. 그날 밤, 다시 등불을 켜고 꽤 오랜 시간을 뒤적여 열두 편의 작품을 건졌고 이튿날 바로 발송했다.

몇 주 후, 그로부터 세 번째 전화가 걸려왔다. 역설에 관한 일고여덟 편의 글을 골랐으며, 이걸 묶어서 책으로 내고 싶다고 했다. "괜찮을까요?"라며 그가 물어왔다. "잠깐 생각해볼게요"라고 답한 뒤 침을 한번 삼키고 말했다. "좋습니다!"

에세이 몇 편을 묶으며 수정·보완해서 보낸 뒤 아홉 달이 지나 나는 첫 번째 저서 『역설에서 배우는 삶의 지혜』를 손에 쥐게 되었는데, 내가 첫아이를 안았던 순간에 느꼈던 것과 비슷한 경이로움으로 그 책을 바라보았다.

오늘 글쓰기의 풍경은 크게 달라졌다. (그 달콤했던 순간 이후 38년 동안 아홉 권의 책이 나왔다.) 나는 에이전시를 둔 적도 없지만 자비 출판을 한 적도, 온라인 플랫폼을 이용한 적도 없다. 하지만 내 경험으로부터 들려줄 수 있는 여전히 유효한 세 가지 진실이 있다.

첫째, 목표가 '집필'인지 '출간'인지를 파악해야 한다. 만약 내가 출간보다 작가가 되는 일 자체를 일차 목표로 정해놓지 않았더라면, 20년 동안 출판사로부터 받은 거절의 편지는 나를 완전히 좌절시켰을 것이다. 여기서 말한 '작가'란, 누군가가 현명하게 관찰했듯이, 오로지 쓴다는 사실에 의해 구별되는 사람을 뜻한다. 비록 출판계의 요정이 한 장의 계약서도 남기지 않는다 해도, 계속 글을 쓰고 있다면 성공이라고 선언할 수 있었다. 그것은 실현 가능한 목표이고, 내가 통제할 수 있는 것이다.

둘째, 터무니없는 운을 좇아야 한다. 농담이라고 생각된다면, 한 가지 단순한 진실을 상기시켜보겠다. 글을 쓰다가 종종 '엉뚱한 곳'에 이를수록 (15명의 학생이 듣는 토머스 머튼 수업처럼 작은 장소에서조차) 터무니없는 운이 찾아올 가능성이 높다는 것이다. 그러니 조니 애플시드미국의 개척 시대에 과수원 주인으로 사과 씨를 보급하고 다녔다는 전설적 인물가 되어 당신의 말을 여기저기 뿌려라. 그 가운데 몇 마디는 비옥한 땅에 떨어질 것이다.

그러나 중요한 것이 하나 있다. 작가로서의 삶을 시작할 때 당신의 글을 아낌없이 나눠주라는 것이다. 나눈다는 건 그 자체만으로 보상일 뿐 아니라, 그런 너그러움이 터무니없는 행운이 찾아올 기회를 높여주기 때문이다. 모든 것을 현금화하려 할 때보다 행운에 노출될 가능성이 더 많아지는 것이다. (작가로 존경받고 싶다면, '현금화'라는 단어 따위는 절대로 쓰지 마라. 진지하게 충고하는 바다.)

가장 중요한 세 번째는 혼란에 빠지도록 스스로를 허락하라는 것이다. 이는 어려운 일이어선 안 된다. 우리 자신, 다른 사람들 그리고 우리가 함께 사는 세상에 있어 혼란스럽지 않은 게 있던가? 문제는 이 문장을 쓰고 있는 나를 포함해서 우리 중 몇몇은 때로 실제보다 더 똑똑한 척하기 위해 글을 쓰는 실수를 저지른다는 사실이다.

내가 초기에 쓴 글을 보라! 나는 그 시궁창 같은 글을 다시 읽을 때, 울어야 할지 웃어야 할지 도무지 모르겠다. 이 가련한 친구는 배설물로 가득 찬 여러 음절의 페이지를 묵묵히 걸어가는데, 그 주장에는 '학문적 엄격함'은 있지만 불확실성이나 장난기, 인간성이라고는 조금도 없다. 내가 엄격함이라고 여긴 것은 사실 사후 경직 같은 것이었다.

나는 표현하기express보다는 감명을 주기impress 위해 글을 썼고, 거기에는 언제나 좋지 않은 생각이 담겨 있었다. 나는 내가 다루는 주제에 관해서 스스로 전문가임을 독자들에게 납득시키기에 바빴지, 내게 끝없는 신비로 느껴지는 것들(가르침, 사회 변동, 영성, 민주주의 등)을 이해하는 데는 소홀했다. 내 최고의 글은 전문성이 아닌 '초심자의 마음'이라 불리는 장소에서 비롯되었다.

내게 글이란 사실을 수집해 명료한 생각으로 포장한 다음 옮겨 적는 것이 아니다. 무지에 깊이 떨어져 어둠 속에 충분히 머물면서 시력을 적응시킨 뒤, 거기에 무엇이 있는지를 보기 시작하는 것이 나의 글쓰기다. 나는 어떤 주제에 관해 전문가들이 말을 배우기 전에, 스스로 발견하고 나름대로 생각하며 느끼기를 원한다.

초심자들은 종종 "당신이 아는 것에 대해 쓰라"는 조언을 받는다. 그것이 잘못되었다고 생각하진 않지만, 나는 거기서 한 걸음 더 나가고 싶다. "당신의 호기심을 자극하고, 이해할 수 없기 때문에 알고 싶은 것에 대해 쓰라"고 말이다. 갈증은 나를 끊임없는 도전이라고 생각하는 기예技藝에 매달리게 한다. 스포츠 작가 레드 스미스는 이렇게 말했다. "글쓰기에는 아무것도 필요하지 않다. 타자기 앞에 앉아서 마음을 열기만 하면 된다."

생각을 환기시키는 질문은 거의 항상 충고보다 더 도움이 된다. 그래도 행여 도움이 될까 싶어 어쭙잖은 충고를 하자면 이렇게 요약할 수 있다. 첫째, 결과보다는 과정에 마음을 쓰라. 둘째, 시작과 동시에, 터무니없는 운의 기회를 극대화하기 위해 글을 공유하라. 셋째, 기꺼이 깊이 뛰어들어 오랫동안 허둥대라. 자아가 아무리 요란하게 항거하더라도 초심자의 마음을 연습하라.

생각해보면, 집필뿐만 아니라 다른 일들에도 적용되는 충고다. 흠, 이 주제로 새 책을 쓸 수도 있겠는데…….

# 타고난 곤혹스러움<sup>•</sup>

신앙과 글쓰기 콘퍼런스 강연 요청을 수락했을 때는, 타이밍이 그리 좋지 않았습니다. 콘퍼런스 한 달 전에는 정신을 고양하는 글쓰기에 관한 고무적인 이야깃거리들을 갖고 있었고, 신앙심도 좀 있었던 것 같습니다. 하지만 그날은, 작업 중이던 책이 지옥의 지하 2층 어딘가에 저를 가두어버렸답니다.

　그 아래서는 반전의 연금술이 시행됩니다. 이른 아침 제가 쓴 황금 같은 말들은, 점심때쯤이면 찌꺼기로 바뀌죠. 그런 상황에서 제 글쓰기에 관해 내놓을 수 있는 가장 친절한 이야기는, 조지 오웰이라는 명랑한 친구가 했던 말입니다.

----

● 이 글은 2010년 4월 17일, 캘빈대학의 '신앙과 글쓰기 축제'라는 연례 행사 때 쓴 강연문을 편집한 것이다.

저술은 지난하고 고통스러운 병치레처럼 끔찍하며 소모적인 투쟁이다. 저항할 수도 이해할 수도 없는 어떤 악령에 의해 이끌린 게 아니라면 결코 이 일을 시작하지 못할 것이다.[3]

50여 년간 저는 이 악령을 연거푸 제 삶에 초대했습니다. 병이 따라올 것임을 잘 알면서도요. 유일한 치료법으로 알려진 것은 글이 나를 끝내기 전에 내가 글을 끝내는 것(야곱이 천사와 씨름한 방식대로 그것과 씨름해 땅에 거꾸러뜨리는 것)인데 그러다 보면 불행은 결국 은총처럼 느껴지는 어떤 것에 굴복하게 됩니다. 바로 이것이 신앙과 글쓰기가 수렴하는 지점이에요. 여러분이 어떤 길에 있든, 자신이 천사들과 씨름 중인지 혹은 악령들과 씨름 중인지를 분간하기란 쉽지 않습니다.

하지만 저는 불평하지 않습니다. 불꽃이 제 발에서 날름거리기 시작할 때조차 글쓰기의 도전, 그리고 그것이 제게 가져오는 생명의 기운을 사랑하거든요. 마크 트웨인은 이렇게 말했습니다. "좋은 날씨를 원한다면 천국에, 친구를 원한다면 지옥에 가라."[4]

초등학생 시절 저는 제 인생의 목적이 파일럿이 되는 것이라고 확신했습니다. "세상의 고약한 속박들에서 벗어나 / 웃음이 은銀으로 도금된 날개를 타고 하늘 춤을 추는 것" 말고는 그 무엇도 바라지 않았거든요.[5] 그래서 그 시절 많은 남자아이가 그랬듯, 모형 비행기를 만들고 날리며 때론 격

추시키면서 많은 시간을 보냈습니다.

하지만 친구들과 달리 저는 비행기의 비행 원리에 관한 소책자를 만드는 데 훨씬 더 많은 시간을 보냈습니다. 저는 세심하게 타이핑한 단어로 가득 찬 종이를 접어 스테이플러로 묶어 '출판'했는데, 그 책에는 엔진이 공중으로 비행기를 끌어당길 때 에어포일의 곡선은 어떻게 상승력을 유발하는지 등을 보여주는 삽화도 들어가 있었습니다. 어린 시절 제가 정말 원했던 일은 파일럿이 아닌 작가였음이 분명합니다. 저는 삶의 신비로운 일들(매우 무거운 물체들이 가시적인 지지 수단 없이 어떻게 공중에 떠 있는지 등)에 대한 책을 쓰고 싶었어요.

수년 전 누군가 제게 작가가 된 이유를 묻더군요. 전에도 몇 차례 이런 질문을 받았던 터라 엉터리 답변을 내놓곤 했는데, 정답을 몰랐기 때문입니다. 하지만 이참에 답을 바로잡겠습니다. "저는 좌절의 운명을 지고 태어났기 때문에 작가가 되었습니다."

신앙과 글쓰기의 또 다른 공통점이 있습니다. 글쓰기와 마찬가지로 신앙도 우리가 새로운 눈으로 바라볼 때까지 우리를 좌절시키는 것들을 다루는 일이라고 할 수 있지요. 보잉777기를 산소가 희박한 대기로 떠우는 마법이 그러하듯, "우리는 믿음이 있으므로 이 세상이 하느님의 말씀으로 창조되었다는 것, 우리의 눈에 보이는 것이 보이지 않는 것에서 나왔다는 것을 압니다."(「히브리서」 11:3)

저는 곤혹스러움이 제 타고난 권리의 선물이라고 믿습니다. 분명 자궁에서 나와 숨을 쉬라고 엉덩이를 두들겨 맞은 뒤, 주위를 둘러보며 "제기랄, 이게 다 뭐란 말인가?"라고 했을 거예요. 곤혹스럽게 하는 것이 많은 세상에 태어났기에 제게는 소재가 무궁무진합니다. 쓰기에 대한 접근법도 간단하지요. 저를 곤혹스럽게 만드는 것을 찾아, 제 무지의 첫 번째 층을 벗길 수 있을 만큼의 글을 씁니다. 이 지점에서 계속 또 다른 당혹스러움을 발견하고요. 그리고 되도록 멀리, 궁극적으로 제가 탐색한 마지막 층 아래서 신비의 층을 또 하나 발견할 때까지 계속해서 씁니다.

저를 곤혹스럽게 하는 몇 가지를 나열해볼까요.

- 왜 필요 이상의 돈과 물적 재화를 가진 수많은 부유한 미국인이 스스로 충분히 가지고 있다고 느끼지 못하는가?
- 그토록 많은 고학력자가 물질세계의 작동 원리는 정확히 이해하면서도 그들 자신의 내면의 역학에 관해서는 왜 그렇게 무지한가?
- 왜 일부 시민은 민주주의를 사랑한다고 말하면서도, 욕설, 공포감 조성, 그리고 무자비한 마녀사냥으로 이를 위험에 빠뜨리는가?
- 나는 무엇이 타인을 곤혹스럽게 하는지 그토록 잘 알고 있음에도 어째서 때로 내 믿음과 다른 것을 말하고, 행하는가?

저는 내면과 주변의 모순들을 연료 삼아, 많은 시간을 들여 이에 대해, 특히 신앙의 전통 안에서 발견되는 모순들에 관해 글을 씁니다. '육신이 된 말씀'에 기반해 수립된 전통이 그토록 신체와 섹슈얼리티를 두려워할 때 무슨 일이 일어날까요? 또는 "네 이웃을 사랑하라"는 말씀에 입각한 전통이 그토록 많은 이웃을 무시무시한 '타자'로 여기며 이들을 바깥의 어둠으로 던질 때 무슨 일이 일어날까요?

어떤 이들은 이런 유의 질문이 신앙에 반한다고 생각하는 듯합니다. 그러나 신앙이란 우리가 우리 모순을 온전하게 의식하면서(그런 의식은 진실한 신앙의 핵심인 겸손함을 불러일으킨다) 살도록 허락하는 것입니다. 우리 자신과 종교 공동체 내의 모순들이 두려운 나머지 그것이 전혀 존재하지 않는 듯이 언행하는 것은 신앙심이 없는 것이라고 생각해요.

사실 영적인 삶에 모순이 없다고 믿는 것은 신앙이 없는 것보다 더 나쁩니다. 그것은 기독교 신자들이 인종차별, 여성 혐오, 동성애 혐오, 제노포비아 등의 악에서 중심적인 역할을 하도록 오만을 부추깁니다. 심지어 모든 인간 존재는 하느님의 이미지로 창조되었다고 선언하면서 말입니다.

제 경험에 비춰볼 때, 자신과 신앙과 세상이 일관되고도 정연하게 보이도록 하는 유일한 방법이 있어요. 바로 날조하는 것입니다. 제가 하느님을 대변하는 일은 잘 없지만, 실제의 하느님은 속임수를 좋아하지 않는다고 확신합니다. 무엇보다 우리가 우리 자신의 변혁의 필요성에 직면하는 것을 방해하는 속임수 말입니다.

속임수 이야기가 나왔으니 말인데, 작가가 빠지기 쉬운 큰 유혹 가운데 하나는 어떤 주제에 관한 책을 썼다는 이유만으로 당신을 그 분야의 전문가라고 생각하는 독자들의 추정을 빨아들이는 것입니다. 젊은 시절 제 자아는 종종 그런 추정들로 부풀었습니다. 어린 시절 아버지가 해준 조언을 잊었던 것이죠. "기억하렴, 오늘의 공작새는 내일의 깃털 총채란다."

제 자아가 전문성의 환상으로 부풀었을 때, 제 최고의 작품에 언제나 생기를 불어넣어준 곤혹스러움이라는 재능은 사라질 위기에 처합니다. 질문을 멈추고 제게 답이 있다고 믿기 시작하는 것이지요. 이 재능을 지키기 위해 저는 제 한계, 결함들, 실패와 그늘에 관해 솔직한 글을 쓰려고 힘써 왔습니다. 이 일을 정직하게 그리고 잘할 수 있을 때 독자는 저를 전문가가 아닌 있는 그대로의 저, 길동무, 인생 여정의 친구로서 바라봐줍니다.

그렇다고 제 망가진 모습을 전부 드러내고 공유해야 한다고 느낀 적은 결코 없습니다. 카를 융 학파의 한 치료사가 언젠가 제게 해준 말이 생각납니다. "영혼은 비밀을 필요로 한다." 힘든 경험들을 자아감 안으로 온전히 통합시킬 때, 비로소 저는 독자들이 역경의 시기를 성찰할 수 있는 안전한 공간을 창조하는 방식으로 스스로의 이야기를 할 수 있게 됩니다. 처음 깊은 어둠으로 가라앉은 후, 제 안녕에 대해 독자들을 걱정시키지 않으면서, 그 경험을 글로 쓸 수 있게 되기까지 10년이 걸렸습니다.

작가로서 임상적 우울증을 주제로 쓴 글에 대해 환우들로부터 받은 감사 인사보다 더 만족스러운 것은 없었습니다. 하지만 같은 고통을 겪는 사람들이 저마다의 출구를 찾기 위해 무엇을 해야 하는지 제가 다 안다는 듯이 글을 쓸 수는 없었습니다. '조언, 요령 그리고 기술들'을 말하는 책에 대해 저는 대체로 냉담합니다. 당신의 이야기를 진실되게 잘 말하는 것으로 충분하죠. 당신의 분투를 듣노라면 제 안에서 동지애가 생기며, 이는 제가 아는 가장 강력한 영혼의 약입니다.

여기서 저는 신앙과 글쓰기 사이의 또 다른 유사성을 발견합니다. 제가 잘 아는 하느님은 GPS처럼 임하시진 않지만, 제가 가장 어둔 곳을 더듬을 때 저와 동행합니다. 저는 좋은 작가도 독자를 위해 그런 역할을 최소한이나마 할 수 있다고 생각합니다. 인간적 취약함의 깊은 곳에서 우러나오는 글쓰기는 자기치료일 뿐 아니라 연민의 행위이기도 합니다.

제가 어두운 이야기를 하는 것을 중요하게 생각하긴 하지만, 거기엔 한 가지 맹점도 있습니다. 이야기를 종이에 적기 시작하자마자, 그것은 양식화되고 고착되며 동결되기 시작한다는 점이죠. 이야기가 단어로 옮겨져 출판되면서 최초의 경험은 생명력을 잃어버립니다. 이야기를 너무 자주 늘어놓다 보면, 그것은 영혼의 이야기이기를 멈추고 상투적인 유머가 되기 시작합니다. 특히 독자로부터 긍정적인 반응을 얻으면 그렇게 되기 쉽지요.

이러한 이야기를 쓰거나 말할 때면, 저는 스스로에게 이렇게 말하고 싶은 유혹을 느낍니다. '본질적으로 진실이며 사람들에게 울림이 있으면 됐지, 경험을 좀 희화화한다고 해서 누가 뭐라고 하겠어?' 글쎄요, 제 영혼은 뭐라고 합니다. 영혼의 경험을 왜곡할 때 제 영혼은 조금도 달가워하지 않거든요. 그럴 때 생명을 주는 힘, 그리고 경험의 의미는 제 이야기가 왜곡되는 만큼에 정비례해서 사라질 것입니다.

배리 로페즈는 이렇게 말합니다. 진실은 "격언이나 공식으로 환원될 수 없다. 이는 살아 있는 뭔가로, 말로 담아낼 수 없는 것이다. 이야기는 어떤 분위기를 창출해내는데, 그 안에서 그것은 하나의 패턴으로 식별될 수 있다."6 이야기가 진실을 말할 때 그 패턴은 대초원에 부는 바람이 만들어낸 패턴만큼이나 덧없습니다. 반면 독자들을 '이해시키려고' 이야기를 너무 문자적으로 말하면, 패턴은 풀밭의 바람보다는 땅에 박힌 말뚝처럼 보이지요.

인쇄된 페이지 위에서 영혼을 연결시킴으로써 독자를 감동시키기를 원하는 작가로서, 저는 딜레마에 봉착합니다. 의견을 명확히 밝히며, 독자들이 분명하고 설득력 있다고 느낄 만한 방식으로 영혼의 이야기를 할까? 아니면 풀밭에서 이야기를 건네는 바람의 덧없음처럼 그냥 힌트만 던질까? 혹은 모든 이야기를 가슴에 묻은 채 나 자신을 위해 그 진실과 신선함을 보존할까? 제가 생각하는 답은 '그때그때 다르다'입니다.

분명한 점은 제게 글쓰기가 일종의 공개 치료라는 것입니다. 다만 치료의 어떤 부분들은 오로지 신뢰하는 친구들이나 전문가 앞에서만 행해져야 함을 기억할 의무가 있습니다. 19세기 영국 배우 패트릭 캠벨이 공공장소에서 드러내는 친밀한 애정 표현에 대해 한 말이 생각나네요. "그들이 거리에서 그렇게 해서 말馬들을 놀라게 하지만 않는다면, 저는 그걸 두고 뭐라고 하지는 않겠어요."7

때로 글쓰기는 제게 일종의 기도이며, 바로 이 점에서 신앙과 글쓰기 사이에는 또 하나의 유사성이 있습니다. "너는 기도할 때 위선자들처럼 하지 마라. 그들은 남에게 보이려고 한길 모퉁이에 서서 기도하기를 좋아한다……. 너는 기도할 때 너의 골방에 들어가 문을 닫아라."(「마태오의 복음서」 6:5) 패트릭 캠벨이라면 이렇게 말했겠지요. "너는 기도할 때 말들을 놀라게 하지 마라."

글쓰기는 자신의 경험을 분류하고 선별하며 받아들이도록 돕는 회고적 행위입니다. 하지만 이는 또한 장래를 조망하는 행위입니다. 새로운 성장을 위한 다음번 기회 또는 요구를 원거리에서 알려주는 조기경보 시스템인 것이지요. 되돌아보면 제 모든 책이, 비록 당시에는 몰랐지만, 다음 차례에 대한 준비였음을 깨닫습니다. 일흔아홉 살의 나이에 필사必死의 운명을 염두에 두고 노화에 관한 책을 쓰는 것도 하나의 준비 행위임을 저는 확신합니다.

글을 쓸 때 저는 아직 제가 아닌 또는 제 것이 아닌 어떤 것과 파트너를 맺는 듯합니다. 혹은 제가 평소 가늠할 수 있는 저보다 더 진실한 저와 맺는 것일 수도 있죠. 토머스 머튼은 우리 중 많은 이가 '자기 위장의 삶'[8]을 살고 있다고 말했습니다. 글쓰기를 통해 가면이 사라지면서, 진짜 얼굴이 나타나고, 직면해야 할 것들을 명확히 바라볼 수 있습니다.

제 첫 책은 『역설에서 배우는 삶의 지혜』였습니다. 여기서 저는 역설이라는 개념(궁극적으로 제 모든 저술에서 중심적인 것이 된)의 도움으로 스스로의 모순들을 견디는 법을 배우고자 했습니다. 삶의 가장 중요한 현실들은 종종 '이것 아니면 저것'이 아니라, '둘 다'의 형태를 취한다는 생각이 역설의 핵심입니다.

첫 책을 내고 1, 2년 후에 엄습한 어둠은 제 안의 그늘을 무시하는 오랜 습관에서 비롯되었으며, 이 위험천만한 시기에 제 가장 소중한 자산 중 하나는 역설이라는 개념이었습니다. 역설을 통해 제가 받아들인 사실은 이러합니다. 나는 좋은 녀석이자 나쁜 녀석이고, 삶은 영원히 어둠과 빛의 춤이며, 하느님이라고 불리는 신비에도 똑같은 이중성이 깃들어 있다는 것. "나는 평화를 가져오기도 하고 재앙을 일으키기도 한다. 나 여호와가 이 모든 것을 한다."(「이사야」 45:7)

『역설에서 배우는 삶의 지혜』는 기본적으로 내향적인 책이었습니다. 하지만 그 책을 쓰면서, 우리의 내적·외적 삶이 지속적으로 융합하며 우리와 세계를 공동 창조하는 방식에 대해 성찰하게 되었습니다. 저는 이 현상을 '뫼비우스의 띠 위의 삶'이라고 부릅니다. 제 두 번째 책『낯선 자와 함께하기: 기독교인과 미국의 공적 삶의 재생』은 이 뫼비우스의 띠 안쪽에서 바깥쪽으로 저를 데리고 나갔습니다. 다시 한번 글쓰기는 제가 가야 할 곳에 이르기 전에 저를 준비시켜주었습니다.

『낯선 자와 함께하기』에서 저는 나르시시즘으로 이끌지 않는 영적 여행의 지도를 만들고자 했습니다. 나르시시즘은 하느님이 오직 숨겨진 마음속에만 거한다는 신념에서 비롯됩니다. 저는 사랑과 정의의 세상을 공동 창조하는 데 도움을 주기 위한 우리 소명에 영성을 통합하는 방법들을 찾고 있었습니다. 신앙생활이 외부인의 출입을 통제하는 폐쇄적인 영적 커뮤니티로 귀결되는 것을 막기 위해 '낯선 자들과 함께하는' 삶에 관해 쓸 필요가 있었지요.

첫 책에서 내적 생활에 대해, 두 번째 책에서 공적 생활에 대해 쓴 이후, 저는 제가 전업 수사도 아니며 전업 정치 활동가도 아니라는 사실에 직면해야 했습니다. 어찌됐든 저는 교사 그 이상도 이하도 아닙니다. 교실에서 수업을 하든, 피정을 진행하든, 프로젝트나 커뮤니티를 조직하든, 또는 고독 속에 앉아 글을 쓰든, 저는 마음속으로 교사입니다.

그런 까닭에 세 번째인 『가르침과 배움의 영성』과 다섯 번째인 『가르칠 수 있는 용기』에서는 교사로서의 소명을 탐색했습니다. 첫 번째와 두 번째 책에서 다뤘던 내적·외적 생활 문제들과 교육이 어떻게 연관되는지를 이해하고자 했습니다. 명상과 행동을 '교직생활' 속으로 끌어들이는 방법을 좀더 명료히 하고 싶었던 것이죠.

제 책들 중 '나는 삶이 어디로 나를 데려가는지 알고 있다. 그러므로 나는 그곳에 이르는 길에 대해 써야겠다'는 생각에서 쓴 책은 하나도 없습니다. 각각의 책에서 제 당혹스러움의 층들을 벗기려 했을 뿐이지요. 길이 어디에 있는지 어렴풋이 알기도 전에 성장의 디딤돌로 향하는 길에 대해 썼다고, 지금 되돌아보며 비로소 말할 수 있습니다.

독일의 소설가 토마스 만은 "작가가 다른 사람들보다 글쓰기를 더 어려워한다"고 말했습니다.⁹ 사실 글쓰기는 제게도 대단히 어려우며, 솔직히 말하면 스스로를 작가라고 부를 수 없습니다. 저는 고쳐 쓰는 사람일 뿐입니다. 저는 한 페이지를 쓰기 위해 열 페이지 이상을 휴지통에 던져넣으며, 일고여덟 번의 초안 수정을 하지 않고는 출판을 해본 적이 없습니다.

제 끊임없는 고쳐쓰기는 완벽주의의 소산이 아닙니다. 오래전 그것을 뿌리쳤죠. 한 편의 글을 다시 쓸 때마다 저는 다만 호기심에 이끌립니다. 이 난해한 세상 또는 난해한 정신의 길에서 다음 굽이에 무엇이 기다리고 있을지가 궁금한 것이지요.

저는 종종 제가 발견하는 것에, 그리고 그것이 발견되기를 기다리며 거기에 앉아 있었다는 느낌에 놀라곤 합니다. 그래서 누군가 제 책의 어떤 구절을 인용한 걸 보면 '내가 정말로 그렇게 썼나?'라고 자문하게 될 때가 많아요. 그것을 제 스스로의 생각이라고 여기기가 어려운데, 어떤 의미에서는 정말로 그렇지 않기 때문입니다. 그것은 미지의 장소로 가는 길에서 우연히 만난 통찰입니다.

바로 여기에 글쓰기와 신앙의 핵심에 연관되는 한 가지 질문이 있습니다. 우리가 언어 또는 믿음의 도약으로 현실을 탐색할 때, 우리는 그 결과를 발견 또는 발명하는가? 제가 할 수 있는 최고의 추측은 '그렇다'는 것입니다. 이 답은 중요한데, 그것이 사실일 뿐만 아니라 우리의 확신에 있어 겸손을 유지하는 데 도움이 되기 때문입니다.

어떤 것이 발견이자 발명이라는 말은 무엇을 의미할까요? 어린 시절 저는 종이 위에 레몬 즙을 적신 가는 붓으로 글씨를 적으며 놀았습니다. 즙이 마르면 페이지는 텅 빈 것처럼 보였지요. 하지만 종이가 열을 가하면 단어들이 마법처럼 나타납니다.

요즘엔 글을 쓸 때 (적어도 글이 잘 써질 때) 이미 '그곳에' 있지만 누군가가 거기에 언어라는 형태를 부여할 때까지 보이지 않던 현실이 제가 선택하는 단어와 교차한다는 느낌을 받습니다. 글이 잘 써지지 않을 때는 그 반대죠. 무언가를 억지로 탄생시키기 위해, 그곳에 있지도 않은 것을 '드러내기' 위해 단어들을 사용하고 있습니다. 아니면 현실이 페이지 위에 나타나도록 하는 힘을 가진 단어들을 아직 발견하지 못한 것이거나요.

따라서 글쓰기가 잘 안 될 때는 기꺼이 '개념적 자살'을 되풀이해야 합니다. 그 글들이 아무리 우아할지라도 진실에 다가가지 않는다면, 나는 몇 시간, 며칠, 또는 몇 주 이상 공들인 페이지를 찢어버리고 처음부터 다시 시작해야 합니다. 아이가 불 위에 종이를 들고 있지만 페이지에 감춰진 메시지들은 나타나지 않는 상황이니까요.

현실과 언어의 행복한 결혼을 위해, 현실은 그것의 본질을 드러내는 언어들에 의해 존중받아야 합니다. 잘못된 언어를 사용하면 가장 단순한 현실들조차 스스로를 드러내지 않고, 올바른 듯 보이는 언어들조차 그곳에 있지 않은 것들은 드러내지 않을 겁니다. 모든 결혼이 그러하듯, 우리는 가운데쯤의 '적합한 장소'에서 만나려고 애씁니다. 그런 뒤에 우리는 그 장소에서 떨어져나오고, 다시 그곳에 돌아가기 위해 작업을 해야 합니다.

제 끊임없는 고쳐쓰기는 제가 종종 떨어져나온다는 증거입니다. 하지만 제 언어들이 현실과 생생하게 만날 수 있는 곳에 이를 수만 있다면 저는 얼마든지 개념적 자살을 감행할 용의가 있습니다.

이 지점에서, 작가로서 그리고 신자로서 제 유사한 여정들은 하나가 됩니다. 여러 해 동안 신약성서의 한 구절이 제 주의를 끌었습니다. "우리는 이 보화를 질그릇에 담고 있다. 이것은 그 풍성한 능력이 우리에게서 나오는 것이 아니라 하느님에게서 나오는 것임을 보이시려는 것이다."(「고린토인들에게 보낸 둘째 편지」 4:7)

보화는 종교적 용어로 하느님이고, 세속적 용어로는 현실입니다. 질그릇들은 (무엇보다) 우리가 알고 믿는 것을 전달하기 위해 우리가 선택하는 언어입니다. 이 구절의 의미는 단순하지만 심오합니다. 우리가 보화를 담기 위해 만드는 모든 그릇은 흙으로 빚어져 유한하고 결함이 있으며, 보화 그 자체와 결코 혼동되지 않습니다.

작가들은 현실을 탐구하며 발견한 바를 담아내는 질그릇을 제작합니다. 그 토기들이 너무 비좁아 보화를 잘 담을 수 없다면, 진실과의 생생한 만남을 방해한다면, 또는 너무 기형적이어서 그것들이 담고자 하는 보화를 존중하기보다 오히려 훼손한다면, 우리는 그것을 부수고 보화를 담아 전달하기에 더 적합한 것을 찾아야 합니다.

토기를 부수는 것은 성상 파괴로 불리는데, 필요할 때는 좋은 일입니다.

필요할 때 부수지 못하는 것은 우상숭배라 불리며, 이것은 언제나 나쁜 일입니다. 글쓰기와 신앙 모두에서, 우리는 거듭 개념적 자살을 감행해야 합니다. 보화의 엄중함과 우리의 허약하며 유한하고 흠 많은 언어들의 불충분함을 진지하게 대한다면 말입니다.

어떤 전통을 가진 이들이 자기네 질그릇이 아니면 보화를 담을 수 없다고 주장할 경우, 이들은 우상숭배를 범하는 것이며 그로 인해 사람들이 죽기도 합니다. 우상숭배는 모든 종교 폭력을 불러일으키는 요인입니다. 왜 우리는 우상을 숭배할까요? 두렵기 때문입니다. 신념의 새장에서 신성을 해방시켜 야생으로 돌아가도록 놓아주었을 때 우리가 어떻게 변화할지 모르기 때문입니다.

물론 우리는 결코 신성을 가둘 수 없습니다. 하지만 우리가 그렇게 할 수 있다는 망상은 쉽게 사라지지 않지요. 저는 죽은 뒤 수도원 벽에 매장된 한 수사에 관한 옛 켈트족 그리스도교의 이야기를 들은 적이 있습니다. 사흘 뒤 커뮤니티 구성원들은 교회 지하실에서 소음이 들려 돌을 치웠다가 그들의 형제가 부활한 것을 알게 되었습니다. 경이로움에 가득 찬 동료들이 그에게 천국이 어땠는지 질문했습니다. 그랬더니 그가 대답했답니다. "글쎄요. 우리 신학에서 말하는 것과는 전혀 다르던데요……." 동료들은 지체 없이 그를 벽에 되돌려 넣었고, 지하실을 다시 봉쇄했다고 합니다.

신앙과 글쓰기의 지속적인 도전은 보화와 질그릇의 역설을 깊이 존중하고 품는 것입니다. 질그릇은 보화를 보호하고 공유하며 다음 세대에 전달할 수 있도록 해주기 때문에 소중하게 여겨져야 합니다. 하지만 질그릇이 보화를 모호하게 만들기 시작한다면, 우리는 그것을 역사의 매립지에 던져 버려야 합니다. 보화를 은폐하지 않고 드러내는 질그릇을 구해야 합니다.

그렇게 하지 못한다면 우리는 보화를 놓치게 됩니다. 보화는 우리의 것이 아니며, 우리가 보화의 것입니다. 이 사실을 부인하거나 거기에 저항하는 일은 극단적인 무례이지요. 이는 개인과 여러 신앙 공동체, 그리고 세계를 생명이 아닌 죽음으로 이끕니다.

제 책상 위 메모판에는 노랗게 빛이 바랜 메모지에 적어둔 스페인 작가 호세 오르테가 이 가세트의 인용문이 있습니다.

> 종이에 펜을 굴리는 이 간편한 활동에 투우 같은 위험성이 부여되지 않는다면, 우리가 뿔이 두 개 달린 위험하고 민첩한 주제들과 대결하지 않는다면, 왜 글을 쓰는가?[10]

또한, 하느님이 우리의 유한한 언어 및 공식들 안에 담길 만큼 작다면, 왜 신앙을 가질까요? 신앙 속에서 글을 쓰고 살기 위해, 우리는 하느님이 하느님이 될 수 있도록 해야 합니다. 하느님은 모든 생명에 생기를 불어넣는 근원적이고, 야생적이며, 자유롭고, 창조적인 충동이지만, 결코 우리가 생각하고 말하고 행동하는 것에 가둬둘 수 없는 존재입니다. 그 점을 하느님께 감사드립니다!

# 내가 쓸 수도 있었던 시

삶은 우리가 이야기를 하거나 글을 쓰고 있지 않을 때조차 언어의 흔적을 남긴다. 우리의 모든 움직임과 함께 (가정에서 그리고 직장에서, 친구들과 그리고 낯선 이들과 함께, 사람들과 함께 그리고 혼자서) 우리는 삶이라고 불리는 텍스트의 다음 몇몇 행을 구술하며 구성한다.

어떻게 하면 '삶의 구성'을 가장 잘할 수 있을까? 이는 메리 캐서린 베이트슨이 쓴 훌륭한 책의 제목이기도 하며, 따라서 내 질문도 나 혼자만의 것이 아니다.[1] 워즈워스는 우리가 "영광의 구름들이 길게 나부끼는" 이 행성에 도착했다고 말했다. 지상에서 우리의 시간을 다 살고 나면, 어떤 종류의 텍스트가 우리 뒤에서 길게 나부낄까? 그것은 지루하거나 진부한 것으로 읽히는가, 매정하거나 분노하는, 두려워하거나 화난 것으로 읽히는가?

아니면 그 무엇보다 훨씬 더 좋은 것으로 읽히는가?

50년 전, 20대 후반에 길을 잃고 잘 사는 것의 의미에 대한 지침을 구하던 나는 헨리 데이비드 소로의 「콩코드와 메리맥강에서의 일주일」이라는 글에서 '더 좋은 것'을 구성하기 위한 설득력 있는 단서를 발견했다.

예술에서의 삶에 관한 어느 에세이에서 (마치 그의 머릿속에 아이디어가 막 떠올랐고 그것이 도망가기 전에 포착해야만 했던 듯이, 설명하거나 상세한 말을 덧붙이지 않고) 소로는 이 간단한 두 행을 읊는다.

나의 삶은 내가 쓸 수도 있었던 시였네
하지만 나는 그것을 살 수도, 말할 수도 없었네[13]


한 개인이 자신의 삶으로 쓰는 텍스트가 시가 될 수 있다니, 얼마나 놀라운 생각인가! 물론 당신이 시를 화려한 운문에 지나지 않는 것으로 여긴다면, 이 아이디어를 지나치게 감상적이라고 받아들일 수도 있다. 인생이 모두 달콤함과 빛으로만 이뤄진 것은 아니기 때문이다. 하지만 잘 들여다보면, 시 또한 그렇지 않다. 시인 폴 엥글은 말한다. "시는 생각들로 뼈를 이루고, 정서들로 신경과 피를 이루는데, 그 모두가 언어라는 섬세하고 거친 피부에 의해 결합된다."[14] 또한 로버트 펜 워런은 말한다. "자기 이해의 위험한 시도가 아니라면 시가 무슨 소용이란 말인가. 그것은 자서전의 가장 심오한 부분이다."[15] 가장 잘 쓰인 시는, 삶 자체만큼이나 노골적이다.

우리가 한 편의 시처럼 삶을 살 수 있다는 소로의 주장은 내 젊은 날의 상상력을 사로잡았다. 시간이 흐름에 따라 그의 구절은 나를 홀리거나 조롱했다. 나는 거기에 내가 단지 절반 정도 이해한 비밀이 담겨 있음을 감지했다. 그래서 칠십대 중반에 『내가 쓸 수도 있었던 시The Poem I Would Have Writ』라는 제목으로 저술을 시도함으로써 이 비밀을 밝히기 시작했다.

나는 소로를 다시 읽었고 인용문과 각주들을 모았으며, 글의 윤곽과 개요를 잡아나갔다. 그리고 각 장을 거듭 고쳐 썼고 친구들과 이에 대해 이야기를 나눴다. 그들이 내가 새로운 아이디어 혹은 새 친구들을 얻기를 바랄 때까지. 지독할 만큼 많은 양의 연구, 성찰과 쓰기를 하고 나니, 내 책이 잘되지 않을 것임이 명확해졌다. 나는 프로젝트를 포기했고, 오랜 탐구의 실패로 몹시 허약해졌다.

하지만 우리 모두가 삶을 구술하고 있다는 사실과 관련하여 중요한 점이 있다. 삶을 계속하라, 그리고 단어들이 계속 나타나게 하라. 단어들이 말하는 것에 주의를 기울여라, 그러면 때로 그것들은 스스로 의미 있는 무언가로 구성됨으로써 당신을 놀라게 할 것이다.

어느 이른 아침, 일지를 쓰기 위해 앉아 있는데 소로의 구절이 여러 번 강박적으로 다시 떠올랐다. 30분 뒤 시 한 편이 초고 형태로 떠올랐고, 며칠 동안 그것을 만지작거린 뒤 나는 '내가 쓸 수 있었던 시'에 최대한 가까이 다가왔음을 느꼈다.

이 목적지에 도달하기까지 소로의 구절은 50년간 끈질기게 나를 따라다

넜다. 많은 페이지의 책이 아니라, 삶이 언어가 되며 언어가 삶이 되기를 소망하는 한 아마추어가 쓴 다섯 연의 시가 그 결과물이다.

여전히, 여행 자체가 목적지이며 걸음걸음마다 배움이 있다. 이 시를 손에 들고 하느님께 찬미드리며, 나는 내가 써야 한다고 생각했으나 결코 쓸수 없을 책과 마침내 화해할 수 있다.

### 내가 쓸 수도 있었던 시

나의 삶은 내가 쓸 수도 있었던 시였네
하지만 나는 그것을 살 수도, 말할 수도 없었네
– 헨리 데이비드 소로


첫 번째 말은 가장 어렵다
소리는 자궁 속의 당신을 둘러싸며
당신이 태어날 때 더 커진다
당신은 듣는다, 당신도 단어들을 말해야 하는
그날이 올 것이기 때문에
이렇게 우리는 세상이라 불리는
이 인적미답의 풍경 속에서
우리의 길을 헤쳐나간다

하지만 어떻게?

그리고 무엇을 말해야 할까?

그리고 말은 무엇을 할까?


이후, 말은 쉽게 찾아온다

당신은 배운다. 당신이 원하며 필요로 하는 것에 관한

언어를 말하는 법을, 당신이 당신의 삶으로 통하는 길을

찾고, 당신이 믿는 것을 명확히 하며, 친구들과 접촉하고,

할 일을 찾으며, 당신의 상처를 치유하고,

당신의 두려움들을 완화하며,

우연히 사랑을 주고받을

기회들을 얻는 데 필요한 말을 하는 법을 배운다

때로 말들은 당신에게서 불쑥 튀어나와

곧 후회를 불러일으키기도 한다

또는 너무나 신비해서 당신은 조용히 그것들을 되뇌게 된다

말들이 어떻게 갑자기 나타났는지 결코 잊지 않기를 바라면서,

당신이 거기에 생명을 불어넣기를 요구하면서


그때 당신은 첫 번째 말이 가장 어려운 것이 아님을 알게 된다

가장 어려운 것은 마지막 말이다

당신이 말하고 싶은 것은 너무 많지만,

시간은 계속해서 시간을

그리고 당신의 모든 말을 빼앗아간다

당신이 느끼는 홍수 같은

비통함과 감사함의 한가운데서

"감사합니다" 또는 "얼마나 아름다운가, 얼마나 웅장한가!"

혹은 "내가 어떻게 살아남았는지 모르겠습니다" 또는

"나는 우리 두 사람이 삶을 함께하고 손을 잡은 그날

영원히 변해버렸습니다"라고 어떻게 말할까


당신이 당신의 마지막 말들에 이를 때

당신은 깨닫는다, 그것이 바로 이것임을

당신의 삶이라 불리는 언어의 썰물,

침묵 속으로 느릿느릿 걸어 들어가며

그 원천으로 돌아가는 말들

당신이 살아온 모든 세월의 골칫거리와 기쁨이 없었다면

당신이 쓸 수도 있었던 미완성의 시가 바로 그것이었음을

– 파커 파머

모든 것의 가장자리에서

# 다시 시작하라

얼마 전 뉴욕의 로어이스트사이드에서 촬영된 사랑과 음악에 관한 영화 「비긴 어게인Begin Again」을 봤다.

나는 1960년대 초 종종 그 근처에서 시간을 보냈고, 스물두 살의 나이에 지역에 거주하는 재즈 연주가들, 아티스트 및 철학자들에게 끌렸다. 나는 목사가 되고자 유니언신학교에서 수학하려고 뉴욕에 와 있었지만, 성직자가 되지 못할 수도 있음을 감지했다. 그래서 철학적인 후방 진지를(이것을 어떻게 말해야 할까) 구축하는 것이 적절할 듯싶었다. 나는 에스프레소를 마시며 이스트빌리지의 공기를 들이마시는 일이 나를 실존주의자로 만든다고 생각했던 듯하다.

「비긴 어게인」은 내 여러 생각을 건드렸는데, 특히 20대 초의 내 모습이 떠올라 웃음이 났다. 그러나 이 글은 영화 리뷰도, 짧은 회고록도 아니다. 영화의 제목에 관한, 그리고 그 두 단어가 나를 '벗어나도록' 도운 방식에 관한 명상이다.

나는 여러 부분에서 고착되어 있다고 느껴왔다. 이 세상의 멈추지 않는 고통, 현재진행형인 중동 대학살, 미국 및 전 세계의 끝없는 대량 살상 사건들, 내 조국의 DNA에 깊이 박힌 인종차별, 근본적인 경제 불평등과 기후변화에 대한 우리의 집단적 무시, 그리고 하느님과 기도에 대해 장광설을 늘어놓으며 총기 폭력을 비롯한 악에 침묵하는 과시적 정치 '지도자들'의 그로테스크한 행렬에 어떻게 대응할지에 있어서 말이다.

그 무렵 키보드에서 책 한 권이 수포로 돌아가는 걸 지켜봐야 했던 나는 작가로서도 고착되어 있다고 느꼈다. 앞에서 여러 사회악을 늘어놓고 여기에 사소한 개인사를 덧붙이는 것을 용서하시라. 하지만 우리 모두는 우리의 작은 세계와 그것을 둘러싼 큰 세계의 교차점에서 살아간다. 다른 사람에게 기여하고 싶다면 이 둘 모두에 주의를 기울여야 한다. 글쓰기는 내게 의미를 만드는 주요한 방법 중 하나이기에, 글이 막히는 것은 성가신 문제다.

우리 대부분이 그러하듯, 내게도 물론 의미를 만드는 다른 방법들이 있다. 나는 문제를 탐색하거나 꿈을 추구하길 원하는 사람들과 함께한다. 봉사하는 사람들을 위한 재생 피정을 이끌고 있기도 하다. 손녀의 노숙인 프로젝트도 돕는다. 또한 여건이 되면 식사 준비나 깨질 염려가 없는 것들을 다루는 일도 거든다.

하지만 여전히 글쓰기로 견인할 능력이 없으니, 열외가 된 기분이다. 친구들은 이에 대해 새로운 작물을 심기 전 땅이 지력을 회복하는 기간, 즉 휴경기로 생각하라고 조언한다. 글쎄, 나도 휴경기를 가져왔고, 그 기간은 생명을 부여하는 느낌이었다. 반면 고착은 침체에 가깝게 느껴졌고, 당신이 여든이든 열여덟 살이든 거기엔 생명이 없다.

「비긴 어게인」을 본 다음 날, 영화 제목은 지침처럼 다시 떠올랐다. 다시 시작해야 한다. 새로운 책을 다시 시작한다는 말이 아니다. 불교도들이 '초심'이라 부르는 것으로 다시 시작하는 것을 의미한다.

이후 나는 마치 앞길을 찾도록 돕기 위해 쓰인 듯한 시 한 편을 떠올렸다. 다음은 웬들 베리가 그의 오랜 친구이자 유명한 시인이었던 헤이든 캐루스에게 바치는 헌시다. 베리가 "위대한 커리어의 시작에서" 그에게 인사를 건넸을 때 그는 팔십대였다.

**헤이든 캐루스에게**

헤이든, 당신의 책을 읽었을 때
나의 머리, 등, 심장, 그리고 마음이 아팠고
내 아픔에 더해진 당신의 아픔으로 아팠습니다
하지만 기쁨을 위해 멈춤 없이

나는 계속 읽어나갑니다

나를 열렬하게 만드는

당신의 진정한 정통함, 위트, 슬픔, 그리고 기쁨

그 각각은 다른 것들로 인해 더욱 진실해지는 것들

나는 읽고 나니 기분이 확실히 나아집니다

이곳 포트로열에서 나는 그곳 먼스빌에 있는 당신에게

당신의 대단한 위엄에 마땅히 보내야 할 경의를 표합니다

나는 당신이 내게, 결국엔 어떤 중요한 존재가 되고야 말

보기 드문 사람들 중 한 사람처럼 보인다고 확신합니다

내가 무슨 말을 해야 할까요?

나는 위대한 커리어를 시작하는 당신에게 경의를 표하는 걸까요?

아닙니다. 나는 시작하는 당신에게 경의를 표합니다

우리는 시작하고 있거나 죽어 있거나 둘 중 하나이기 때문입니다

그리고 우리, 어떤 커리어도 갖지 않도록 합시다. 어느 날 우리가

커리어만 추구하다가 죽은 채로 발견되지 않도록

나는 자신의 예술에서

진정한 시작을 하는 당신에게

거듭거듭 경의를 표합니다


**고착화되지 않기 위해, 나는 기성 작가로서 내 '커리어'를 내려놓고 초심**

자로서 다시 시작해야 한다. 사실 나는 하루의 새로운 순간마다 초심자이며, 그 모든 순간에 아직 알려지지 않았을뿐더러 시도된 적도 없는 가능성들이 제시된다. 이 사실을 받아들이고 무슨 일이 일어나는지를 봐야 하지 않겠는가? 선종의 스승 스즈키 슌류의 말처럼, "초심자의 마음에는 많은 가능성이 있지만, 전문가의 마음에는 가능성이 별로 없다".[17]

다시 시작한다는 것은 실제로 무엇을 의미하는가? 나는 당신이 그 질문을 던지지 않을까 염려했다. 진실은 내가 아무것도 모른다는 것이다. 이상한 말일지 모르지만, 바로 그것이 내가 실제로 초심자의 마음을 연습 중이라는 증거일 수도 있겠다. 만일 내가 정답을 기다리고 있었다면, 나는 이 작은 글을 쓸 수 없었을 것이다. 이 글을 쓰면서 나는 한 개인으로서, 작가로서, 세계의 시민으로서 고착되지 않을 수 있었다. 지난 며칠 동안 단지 이에 관해 쓰는 것만으로 나는 덜 정체된 듯 느꼈고 활력이 생겨났다.

물론 궁극적으로 내가 쓰거나 행위하는 어떤 것도 앞서 나열한 긴급한 문제들을 해결하진 못한다. 하지만 글쓰기는 내가 세상에 관여하는 주요 방법 중 하나이기에, 무엇을 쓰든 다시 연결되는 데 도움이 될 것이며, 나아가 더 유용하게 쓰일 수 있는 다른 길로 나를 데려다놓을 수도 있다.

나는 오로지 나만 고착을 느낀다고 생각하지 않는다. 당신도 그렇게 느낀다면, 세상은 개인적인 재능을 (그것이 무엇이든 간에) 공공선을 위해 기여하도록 우리에게 요청하고 있음을 서로에게 상기시키자. 초심자의 마음으로 희망을 갖고 다시 시작할 수 있도록 상호 지원의 협약을 맺도록 하자.

# 한때 푸르렀던 세상으로 다시

저 나무는 놀랍게도 단단한 몸통에서
잎사귀를 틔우네
마치 빽빽한 섬유질로 된 나의
예기치 않은 말 속에서 잎을 내듯이

나는 저 몸통, 어둡고 빽빽한 나무 몸통 중심부의 단단한 부분이
내 마음속과 같다는 것을 알고 있다
그러나 여기서 나는
바람처럼 춤추며 태양을 노래하기 위해
우리가 우리의 빽빽함에서 벗어날 수 있음을 찬미한다

우리의 말들은 나뭇잎처럼

제철에 피어나고 다시 제철에 떨어지지만

말들은 솟아오르며

부드러움이 모든 것을 정복하는

힘을 증명한다


시든 잎들이

싹이 트지 않은 나뭇잎들의 뿌리에

거름을 주기 위해 흙으로 돌아가듯이, 그렇게

마른 단어들은 각자의 요소로 분해되기 위해

그리고 찬양받지 못한 세상들의

뿌리에 영양분을 주기 위해

마음으로 되돌아간다


그리고 말이 실패할 때도 어두운 나무 몸통은 견딘다

가장 놀라운 샘이

다시 한번 푸른 세상을 말하는

목소리를 샘솟게 할 때까지

– 파커 파머

# 5장

# 바깥으로 손을 뻗기

세상에 관여하며 살아가기

1974년 우리 가족은 퀘이커 생활-학습 공동체인 펜들힐로 이주했는데, 당시에는 퀘이커교도의 신앙 및 예배에 대해 약간의 지식만 있을 뿐이었다. 좀더 많은 것을 배우길 바라면서 나는 필라델피아의 역사적인 아크 스트리트 프렌즈 미팅 하우스Arch Street Friends Meeting House에서 대규모 연례 퀘이커교도 모임에 참석했다.

점점 늘어나는 군중 속으로 걸어 들어가는 동안, 서로 이야기를 나누는 여섯 명의 여성 노인이 눈에 들어왔다. 모두 내 할머니의 쪽 찐 머리와 같은 모양으로 쪽 찐 백발 머리를 하고 있었다. 나는 미소를 지으며 혼자 생각했다. '할머니에 대한 기억이 다시 불타오르다니 참 흐뭇하구나! 할머니의 소박한 집 부엌을 가득 채웠던 사과파이의 희미한 내음까지도 이따금 감지되고……'

공상에 잠겨 있을 때, 여성들 중 한 명이 내 쪽을 바라보더니 일행에서 떨어져 나와 곧장 내게로 걸어왔다. 마치 도망치지 못하도록 하려는 듯, 그녀는 다짜고짜 내 팔을 잡으며 말했다. "저는 북아메리카 원주민 권리를 위한 디모인Des Moines 집회에서 막 돌아왔어요. 제가 배운 것을 들려드리고 싶네요." 그녀는 꽤 상세히 설명하면서 나를 자신의 프로젝트에 끌어들이고자 했다.

그녀가 목적을 달성하고 떠나갔을 때, 나는 생각했다. '저분은 할머니도 사과파이도 아냐! 내가 늙어서 되고 싶은 그런 사람이야!'

젊음 지향 문화는 우리를 낙담시키며 좌절시킬 만한 메시지를 노인들에게 보낸다. "따라잡을 수 없을 만큼 급변하는 세계에 대한 진지한 관여를 철회할 시간이다. 그러니 무해한 취미활동을 시작하고 집에서 많은 시간을 보내라."

이 메시지는 단 세 가지 문제점을 내포하고 있다. 첫째, 노인들로부터 활력, 의미 및 목적의 원천을 박탈한다. 둘째, 노인들이 제공해야 할 선물을 세상으로부터 박탈한다. 셋째, 우스꽝스럽다. 이것들 말고는 훌륭한 아이디어다.

이동에 제한을 받을 만큼의 건강 문제가 없는데도 안방의 차원으로 세계가 축소된 노인들과 함께 있을때면 마치 걸어다니는 시체들과 있는 것 같다. 반면 벽을 넘어 세상에 정신·정서적으로 관여하는 노인들과 함께할 때는, 비록 그들이 자기 집에 갇혀 있을지라도, 나는 그 활력에 전염된다.

나는 운 좋게도 능동적 삶을 지속적으로 영위할 수 있는 능력을 갖고 있다. 하지만 이 장에 실린 에세이들은 지역 프로젝트에서의 자원봉사, 시위 행진, 또는 의회 로비를 위한 워싱턴 DC 방문과는 아무 관련이 없다. 그런 일들에 갈채를 보내는 것만큼이나 무관하다. 대신 우리 목소리를 사용하고 우리 생각을 말함으로써 공적 생활에 참여할 수 있는 방식을 다룬다. 에세이 또는 도서 출간이 당신의 일이 아닐지라도, 당신은 편집자에게 편지를 쓰고, 지역 포럼에서 이야기하거나, 당신 또는 가족·친구들과 중요한 것들에 관해 대화를 나눌 수 있다.

'바깥으로 손을 뻗기'란 세상을 향해 이렇게 말하는 것을 뜻한다. "나는 여전히 이 지역사회의 구성원이다. 나는 목소리를 가지고 있으며, 이야기되어야 하는 것들을 가지고 있다. 그리고 나는 대화의 일부가 되길 원한다." 더 중요하게는, 이 모든 것이 가슴속에 새겨질 때까지 스스로에게 말하는 것을 의미한다.

첫 번째 에세이 「분노한 퀘이커교도가 할 일은 무엇인가?」에서는 나처럼 비폭력적인 삶을 염원하며 사랑·평화·정의의 세상을 갈망하는 이의 삶에 분노가 존재하는지 여부를 질문한다. (스포일러 주의: 내 결론은 '그렇다'는 것이다.) 이 에세이를 비롯해 이 장에 실린 글에는 내 정치적 신념이 가미되어 있다. 이는 당신의 정치 신념을 변화시키려는 것이 아니라 그것을 표현하도록 촉진하려는 목적임을 이해해주길 바란다. 민주주의의 시민은 표현의 권리와 책임을 지니기 때문이다.

「애국자의 영혼」은 2016년 11월 이 책을 저술하던 무렵 내 조국이 도덕 및 지성 모든 면에서 재앙일 정도로 직무에 부적합한 대통령을 선출했다는 사실을 직시하며 쓴 글이다. 더 나쁜 것은 그가 우리의 민주주의를 위협하는 백인 우월주의와 같은 힘에 굴복했다는 점이다. 이 분노와 두려움을 창조적인 방향으로 돌리기 위해, 나는 애국자라는 단어의 의미를 재고할 필요가 있었다.

「다양성을 찬양하며」는 생산성, 창조성, 지속 가능성 그리고 탄력성과 관련지어 볼 때 동질성은 자연 생태계만큼이나 사회의 위험 요소가 된다고 주장한다. 미국은 백인이 인구의 절반 이하를 구성하는 미래로 향해 가고 있다. '우리 국민'은 차이의 가치를 인식하고, 그 긴장이 우리를 갈라놓는 것이 아니라 우리가 새로운 것에 개방되도록 하는 법을 배워야 한다. 그렇지 않으면 '타자성'에 대한 우리의 두려움(권력을 획득하고 유지하려는 부도덕한 정치인들에 의해 조작된 두려움)은 파멸의 원인이 될 것이다.

「성소의 추구」는 난폭한 정치세계에 참여하는 일이 신체·정신의 안녕을 희생시키기 시작할 때 필요한 위안과 지지의 추구에 대해 쓴 것이다. 음악을 그 자체로 안식의 한 형태로 여기는 싱어송라이터 캐리 뉴커머의 도움을 받아 안식이 취할 수 있는 다양한 형태를 탐색했다.

「겨울 숲」은 세계의 파멸 바로 아래에 존재하는 아름다움과 은총에 관한 명상이다. 산산이 부서진 평범한 삶의 표면을 바라보는 일은 우리를 절망으로 이끌 수 있다. 그러나 파편 아래의 전체성을 바라보는 일은 더 좋은 것(빤히 보이는 곳에 숨은, 이미 그곳에 존재하는 것)에 깊이 이르도록 우리를 북돋운다.

# 분노한 퀘이커교도가 할 일은 무엇인가?

더도 말고 덜도 말고

가장 인간적인 것으로 돌아가라

바로 그것이야말로

찢겨진 영혼, 당혹스런 마음

분노한 정신에 자양분을 주리니

최종적인 협박을 받고

고뇌의 숨결로 뚫린 채로

사랑을 대변하라

– 메이 사턴, 「산토스: 뉴멕시코」에서 발췌[1]

나는 퀘이커교도다. 커뮤니티, 평등, 단순성, 그리고 비폭력 같은 가치에 따라 살아가는 종교적 전통 속에 있다. 그 결과 나는 곧잘 짙은 오트밀 안에 빠져 있는 자신을 발견하는데, 특히 정치와 관련해 분노 조절에 문제를 가진 듯하다. 수년 전, 함께 '활발한' 정치 논쟁을 벌였던 한 친구는 내게 '사나운 퀘이커교도'라고 적힌 티셔츠를 선물하기도 했다.

비폭력을 열망하는 이의 삶에서 분노는 어떤 역할을 하는가? 좋든 나쁘든 이는 내 삶의 현실이다. 증거 A는 여기서 거론하기에 너무나 많은 성격상의 결함 가운데 특히 되는대로 거짓말을 하는 우리의 45대 대통령에 대해 내가 느끼는 분노다. 이 사람은 비디오테이프로 녹화된 말들을 부인하는 놀라운 재능을 갖고 있으며, 테이프를 틀어주면 그것을 '가짜 뉴스'라고 말한다. 어느 저널리스트의 말처럼, 거짓말은 그에게 가서 대통령직의 '본질적 특징'이 되었다.[2]

설상가상으로 그는 사람들을 해칠 뿐만 아니라 죽일 수도 있는 무기화된 거짓말을 한다. 이제 가족의 무사함을 걱정해야 하는 이민자 부모 및 아이들이 위험에 처해 있다. 이슬람교도, 유대인, 유색 인종, 그리고 다시금 표적이 된 LGBTQ도 거기에 포함된다. 탄광 및 공장에서 오랫동안 일해온 사람들도 부활하지 못할 것이다. 또한 우리가 지도자뿐 아니라 서로조차 신뢰할 수 없을 때 사망에 이르게 될 민주주의 그 자체도 위험에 처해 있다.

그렇다. 나는 대통령과 그 주변 사람들에 대해 분노하는 퀘이커교도다. 그들은 황제는 새 옷을 입고 있다고 주장하며, 새 옷을 입은 그가 얼마나 멋지게 보이는지 세상에 말하지 않는다는 이유로 저널리스트들을 비난하고 통제한다.

때로 나는 분노를 제거되어야 할 정신적 결함으로 여기는 사람들로부터 비난을 받는다. 하지만 내 생각은 다르다.

• 어떤 것이 도덕적으로 잘못되었을 때 선량함을 숭상하느라 그것을 무시한다면 역시 잘못이다. 정부가 그토록 뻔뻔하게 퍼뜨리는 거짓말, 그리고 그것이 부추기는 잔인함에 분노하지 않는다면, 나도 그들만큼 부도덕한 것은 아닐지 두렵다.

• 나는 분노의 해독제로서 용서에 전적으로 찬성하며, 앤 라모트가 말했듯이 "용서하지 않는 것은 쥐약을 마시고 쥐가 죽기를 기다리는 것 같다"[3]고 생각한다. 하지만 오랫동안 악의적 행위를 일삼아왔고, 용서를 구할 필요조차 못 느끼는 사람들에 대해서는 용서가 언제나 나의 몫은 아님을 알게 되었다. 때로는 용서의 바통을 더 높은 권능에 넘겨야 한다. 아이리스 디멘트가 어느 컨트리앤드웨스턴 송에서 이렇게 노래한 것처럼 말이다. "신은 당신을 용서할 수 있지만 나는 그러지 않을 것이다. 예수는 당신을 사랑할 수 있지만, 나는 그렇지 않다."[4]

• 나는 분노가 분노한 사람과 그의 궤도 안에 있는 다른 사람들에게 피해를 끼칠 잠재성을 지니고 있음을 안다. 하지만 나는 또한 경건한 덮개 아래 묻힌 분노가 비폭력적으로 표출된 분노보다 내 행복과 내 주위 사

람들의 행복에 더 많은 위협을 가한다는 것도 안다. 억압된 분노는 우리 자신을 향하고 얼마 안 가서 다른 사람까지 해치게 될 위험한 무기다. 반면 모두의 새로운 삶을 위한 사회적 행동을 고무하는 에너지로서 활용된 분노는 구원을 가져다준다.

'영적으로 올바른' 사람들(내게는 '정치적으로 올바른' 사람들보다 더 거슬리는 이들)이 나를 비난할지 모르나, 내 분노는 미국의 45대 대통령을 향하는 것이지, 그에게 투표한 이들을 향한 것이 아니라는 점에 주목해주 길 바란다. 2016년 선거 때는 그의 모든 지지자 그리고 그들이 한 발언에 분노했지만, 이후 내면의 작업을 통해 생각이 바뀌었다.

내가 오직 경멸할 뿐인 사람들, 예를 들어 반유대주의자, 백인우월주의 자, 그리고 '충분함'의 의미를 모르는 부유한 탈세범들은 제쳐두자. 나는 이 대통령에게 투표한 많은 이가 그들이 직면한 경제적 문제와 관련해 그 를 지지할 만한 이유를 갖고 있으며, 수십 년 동안 양대 주요 정당의 정치 인들이 이들을 돕기 위해 한 일이 거의 또는 전혀 없다는 사실을 이해하게 되었다.

시인 메이 사턴의 시구들은 내가 동료 시민을 향한 이 공감의 여정을 시 작할 수 있게 해주었다. 그녀의 시 「산토스: 뉴멕시코」의 첫 연은 이 글 맨 앞에 적었다. 마지막 연에서 그녀는 분노를 치명적인 힘에서 새로운 삶을 위한 힘으로 탈바꿈시키는 연금술을 묘사한다.

더도 말고 덜도 말고

가장 인간적인 것으로 돌아가라

바로 그것이야말로

분노하는 영혼, 당혹스런 마음

찢겨진 정신으로 하여금

그 협박 전체를 받아들이도록 가르쳐주리니

고뇌에 의해 뚫린 채로

마침내 사랑을 위해 행동하라[5]

분노를 사랑의 행위로 변화시킬 때 "가장 인간적인 것으로 돌아가라"는 무엇을 의미하는가? 그것은 정치적 견해가 다른 이들의 이야기에 다시 연결되기 위해 스스로의 이야기로 돌아가는 것을 의미한다.

나는 이성애자이며, 백인이고, 재정적으로 안정된 남성이다. 미국이 나 같은 사람에게 기꺼이 부여하는 특전의 혜택을 입고 있다. 나는 지난 선거에서 투표에 영향을 끼칠 만한 어떤 긴급한 금전적 문제도 없었다. 내가 받은 교육 덕분에(다양한 뉴스 소스를 읽어야 하는 시간 및 성향과 함께) 가짜 뉴스, '대체 가능한 사실들' 그리고 잘못된 추론에 쉽게 속아 넘어가지 않을 수 있었다. 수십 년 동안 사랑하고 존경하는 다양한 동료 및 친구들과 지낼 수 있는 축복을 누려왔기에, 다양성에 대한 경험이 거의 없는 유권자들을 추동하는 '타자'에 대한 두려움이 나를 움직이지도 못한다.

내 삶이 나와 다른 삶과 정치학을 가진 사람들을 이해할 괜찮은 근거를 (그리고 몇몇 도구를) 제공한다는 사실을 이해하지 못한다면, 나는 지금 미국의 리더들과 별반 다르지 않은 지각없고 비정한 사람일 것이다.

네이 사턴의 시에서 "마침내 사랑을 위해 행동"한다는 것은 어떤 의미일까? 내게는 적어도 다음과 같은 의미로 다가온다. 나는 시민 공동체 및 시민 담론을 위한 우리의 능력을 일신하는 데 도움을 주는 노력을 배가하고 싶다. 생명을 주는 만남 속에서 시민을 통합하는 데 도움이 되는 행동으로 분노의 에너지를 활용하고 싶다. 국민의 현실이 안개와 신화 속으로 계속 희미해져간다면, 우리는 민주주의를 상실할 것이다.

따라서 나는 2011년에 시작한 프로젝트를 이어갈 예정이다. 그때 나는 국민의 현실과 권력을 농락하는 '분할과 정복' 전략에 대한 모두의 저항에 도움을 주고자 『비통한 자들을 위한 정치학』을 출간했다.6 이는 진영이 다르다고 해서 말조심을 하자는 얘기가 아니다. 우리의 차이를 높이 평가하며 정치적 분절을 가로질러 서로에게 이야기하는 방식으로서의 시민 담론을 북돋우는 작업이다.

차이에 대해 오직 개방적이고 정직하며 정중하게 논의할 때라야만, 우리는 갈등이라는 것을 (우리가 갈등을 창조적으로 끌어안는다면) 좋은 사회질서의 적이 아닌 더 나은 사회질서의 엔진으로 여기는 최초의 정부 체제를 우리에게 제공한 헌법의 의도를 존중할 수 있다. 이 작업이 반드시 대규모 공적 포럼에서 이루어져야 하는 것은 아니며, 가족, 친구, 지역사회, 모임 등의 소규모 현장에서도 이루어질 수 있고, 그렇게 되어야만 한다.

정직을 기하기 위해, 나는 서두에서 던진 질문을 이어가고자 한다. '분노는 비폭력을 열망하는 이의 삶에서 역할을 갖는가?' 나는 내 분노가 정직한 기원이나 가치 있는 목적을 갖지 못하는 순간들을, 잠재적으로 생명을 주는 에너지로서 활용되지 못하는 순간들을 지속적으로 경계하고 싶다.

또한 그럴 때, 「시편」 58편에서 위안을 얻고자 한다. 그 성서 구절에서 한 성인聖人은 분노하며 악독한 거짓말을 퍼뜨리는 이들의 "이를 부러뜨려 주실" 것을 하느님께 탄원한다.(「시편」 58:6) 「시편」은 이런 유의 직접적인 행위를 권장하지 않으며, 나 역시 마찬가지다. 과격한 구강 외과수술은 전능자의 몫으로 남겨두어야 한다.

하지만 오늘날 「시편」의 탄원이 받아들여진다면, 적어도 두 가지 긍정적인 결과를 상상할 수 있다. 거짓말쟁이는 너무도 고통스러운 나머지 잠시 거짓말을 멈출 것이다. 이건 듣는 우리도 고통스러우니, 공정하다 하겠다. 또한 건강보험에서 더 넓은 치과 보장 범위도 누릴 수 있게 되겠지.

영성과 분노(그리고 유머)가 반드시 불화하는 것은 아니다. 혹은 스스로 머지않아 또다시 짙은 오트밀 속에 빠질 수 있다는 걸 알면서 삶에서 계속 비틀거리고 있는 이 사나운 퀘이커교도에게 그렇게 보이는 것일 수도 있고.

# 애국자의 영혼

'영혼'에 관한 이야기를 처음 들었을 때, 나는 아주 어렸다. 한동안 나는 그 것을 의도는 좋지만 엉성한 정신, 그래서 인생의 가장 험한 도전들에 맞닥 뜨릴 때는 너무나 허약한 것으로 생각했다. 이후 사십대에 나는 얼마간은 유전적인 요인으로 인해, 얼마간은 몇 가지 나쁜 선택으로 인해 처음으로 우울증을 겪었다.

수개월 동안 어둠 속을 헤맬 때 내가 의지했던 힘 즉 지성과 감성, 자아 와 의지는 아무 소용이 없었다. 정신은 나의 적이었고, 감정은 마비되었으 며, 자아감이 말살되었을 뿐 아니라, 의지력도 완전히 사라졌다. 나를 정상 적으로 지지해주던 모든 것이 삶의 무게를 버티지 못한 채 무너져버렸다.

하지만 역경 속에서 살아남는 법을 아는 자아 고유의 중심이 존재한다는 것을, '소울 음악'이라는 것에 그 이름을 부여하는 탄탄하고 견실한 생명력이 있음을 나는 이따금씩 감지했다. 다른 힘들이 나를 좌절시킬 때, 이 자아 고유의 중심(야생동물처럼 빈틈없고 강건한 중심)은 살아남아서 다시 잘 자라나도록 나를 도왔다. 영혼에 비견되는 이러한 원시적 야생성에 관해 많은 것을 알지는 못하지만, 다음과 같은 점은 알고 있다. 그것은 어둠을 두려워하지 않으며, 생명과 빛을 사랑한다. 뿐만 아니라 우리 자신에 관한 진실과 우리가 어떻게 길을 잃는지에 관한 진실을 우리 앞에 마주 세우기를 좋아한다.

얼마 전 나는 다시 어둠 속에서 길을 잃었다. 이번에는 개인적이라기보다 정치적인 어둠이었고, 우리 모두가 그 어둠의 탄생에 일조했다. 세상의 진상을 너무 잘 알아서 문화적 안전지대 바깥에서 보고 듣고 배울 필요는 없다고 자신만만해하던 나 같은 사람도 거기에 포함된다.

2017년 1월 20일, 내가 사랑하는 미국은 우리 문화의 가장 삭막한 특질들을 구현하는 대통령을 취임시켰다. 사춘기의 충동성, 부와 권력에 대한 고삐 풀린 탐욕, 폭력 취향, 못 말리는 자기애, 그리고 엄청난 오만이 그것이다. 여성, 멕시코인, 무슬림, 아프리카계 미국인, 이민자, LGBTQ 커뮤니티 멤버, 장애인 그리고 어머니인 대지를 비방해온 남성(터무니없는 언사에 대해 사과하기는커녕 명백한 것도 뻔뻔하게 부인하는 남성)이 사실상 '자유세계의 리더'가 되었다.

우리 스스로 불러들인 적敵에 의해 국가가 공격받을 때, 나는 어떻게 여기에 관여하고 총체성을 유지할까? 나는 영혼에 자문해보았고, 나를 불편하게 하는 응답을 받았다. 바로 '애국자'가 되라는 명이었다. 이 단어는 수년 전 'God, Guns, Guts, and Glory'라는 갱단에 의해 남용되었을 때 내가 폐기해버린 단어였다.

이후 목사이자 활동가인 윌리엄 슬론 코핀이 애국심에 관해 간단명료하고도 통찰력 깊게 말한 강력한 문장은(그의 삶은 항상 그의 영혼으로부터 나왔다) 나로 하여금 이 단어의 의미를 되찾는 탐색에 나서게 해주었다.

세 부류의 애국자가 있다. 두 부류의 나쁜 애국자와 한 부류의 좋은 애국자다. 나쁜 애국자들은 무비판적 연인이자, 애정 없는 비평가다. 좋은 애국자들은 그들의 국가와 사랑싸움을 계속한다. 이들의 싸움은 신의 연인이 세계와 싸우는 방식을 반영한다.[7]

지금 내가 영혼이 담긴 격렬한 사랑으로 조국과 '싸움'을 한다는 것은 무슨 의미인가? 지금까지 나는 이 질문에 대해 네 가지 답을 발견했다.

**첫째, 그것은 진실된 것과 진실되지 않은 것에 관한 싸움이어야 한다.**
45대 미국 대통령의 조력자들은 진실은 과거의 일이라고 선언했다. 그들 중 세 명의 말을 인용해보자.

더 이상 사실 같은 것은 (…) 존재하지 않습니다. -스코티 넬 휴스[8]

당신[저널리스트]들은 (…) 모든 것을 문자 그대로 받아들이는군요. 미국인들은 (…) 당신들이 때로 '술집에서처럼' 뒷받침할 팩트도 '없이' 말한다는 것을 이해하고 있습니다. -코리 르언다우스키[9]

여러분[기자들]은 항상 자기 입에서 나오는 말로 판단하려고 하시네요. -켈리언 콘웨이[10]


입에서 나오는 말이 진실인지 거짓인지 판별할 수 있을 때가 있고, 문제의 그 말이 대통령의 입에서 나온 것이라면 진위 여부를 판별해보는 게 중요하다는 기이한 믿음을 가진 우리 같은 사람들은 기회가 있을 때마다 이를 주장할 필요가 있다.

예를 들어 오직 자신만이 경제를 구할 수 있다고 주장한 대통령은 "일자리를 구할 수 없는 9600만 명의 구직 희망자가 있다"고 주장했다. 이는 거짓이다. "노동 인구에 포함되지 않은 약 9600만 명의 사람이 있지만, 여기에는 구직활동을 하지 않는 퇴직자, 학생 등이 포함된다. 이들 중 오직 5500만 명만이 일자리를 '구하고 있다.'"[11] 그리고 이 남자가 백악관에 접근하기 전, (2008년 재정 붕괴 후 2010년까지 10퍼센트에 근접했던) 실업률은 전 정권의 정책 덕분에 5퍼센트 이하까지 떨어졌다.[12]

팩트는 너무나 따분하다, 그렇지 않은가? 그리고 팩트는 광신도들의 마음을 바꿔놓지는 못한다. 하지만 우리는 중세 수도원들이 책을 보존한 것과 같은 이유로 이를 보존해야 한다. 횃불이 마을에 도착했다. 과학과 계몽 사상은 유력자와 고위 성직자들이 주장하는 진실을 시험할 방법을 제공하고, 민주주의 실험의 기반이 되었다는 점을 기억하자. 우리는 누군가가 실험실을 폭파할 때까지 사실들을 선포하고, 다음에 우리가 그것을 필요로 할 때까지 방화 금고에 보관해야 한다. 어쩌면 당장 오늘 오후에 필요할 수도 있다.

**둘째, 우리는 우리 신념을 굽히지 않으면서 정치적 분열을 가로지르는 시민 담론에 참여해야 한다.** 이는 오늘날까지도 벅찬 과제이지만, 앞으로는 훨씬 더 어려워질 것이다. 그리고 우리는 이런 일에 그리 능숙하지 않다. 하지만 한 가지만은 분명하다. 대화를 성공적으로 이끌기 위해 참가자들은 무언가를 공유해야 한다.

나는 우리가 모든 종류의 이해관계를 공유한다고 믿는다. 우리는 같은 공기를 호흡하며, 같은 도로 및 교량을 이용하고, 같은 제도에 의존한다. 또한 우리 후손들을 위해 조화롭게 살 방법들을 찾아야 한다. 명확함에 대한 호소는 아직 우리를 통합시키지 못했다. 따라서 아직은 우리 삶을 규정하지 않지만 언젠가 그렇게 되리라 믿는 공통의 조건에 나는 희망을 건다.

우리의 45대 대통령은 사람들을 궁지에 내버려둔 오랜 역사를 갖고 있다.[13] 그의 당선을 도운 사람들은 그가 약속을 지키지 않을 것임을 조만간 깨닫게 되리라. 그에겐 결코 그럴 의도가 없거나 그럴 만한 정치적 자질이 부족하기 때문이다.

이 시점에서 2016년 정적政敵으로 서로 대립했던 사람들은 공통의 기반을 발견할 수 있을 것이며, 환멸을 느낀 이들의 연합도 가능할 것이다. 나는 이 사람을 백악관으로 데리고 간 협잡에 환멸을 느낀다. 잃어버린 일자리를 되돌려주며, 중산층을 되살리고, 법과 질서를 복구시키며, 이슬람국가ISIS를 제거하고, 워싱턴 DC 내 '정치계의 적폐를 청산하겠다'는 그의 약속 때문에 그를 지지한 이들은 결국 그에게 환멸을 느낄 것이다.

'우리가 속았다'는 공통의 기반이 대화를 가능케 할 때, 나와 같은 사람들이 과거에 하지 못했던 일을 할 기회가 열릴 것이다. 누구도 자신들에게 귀를 기울이지 않는다고 여겨 그에게 투표한 지지자들이 느끼는 소외감에 공감하며 그들의 이야기를 경청하는 일 말이다. 우리 역시 왜소해져 있다고 느끼기에, 그들의 무력감을 이해하는 데 더 좋은 위치에 있다.

**셋째, 이런 사랑싸움은 발화發話되지 않는 것을 표면화할 필요가 있다.** 이는 '사랑 안에서 진실 말하기'의 한 형태로서, 친밀한 관계에서 그러하듯 시민관계의 건강에 결정적이다.

선거 결과의 '배경'에 관해 논의할 때 우리는 21세기 중반이 되면 미국 시민의 절반 이상이 유색 인종이 되리라는 사실에 관해 충분히 이야기하지 못했다.[14] 250년 뒤에는 미국 내 백인 유럽인 지배의 종말이 시작될 것이다. 백인 유권자가 2016년 선거의 핵심 세력이었다는 것, 그리고 백인 민족주의자 및 백인우월주의자들이 트럼프로부터 어떠한 실제적 반대도 당하지 않고 승리자의 깃발을 따라 열광적으로 결집했다는 것은 우연의 일치가 아니다.

우리는 백인 우월 문화의 마지막 발악 속에 있거나 미완의 남북전쟁을 재개하고 있다. 어느 쪽이든 간에 미국의 운명을 걱정하는 우리는 이 같은 치명적 에너지를 생명을 주는 결과로 돌리기 위해 노력할 필요가 있다.

**마지막으로, 그것이 사랑싸움이라면, 우리는 사랑이 계속 살아 움직이도록 해야 한다.** 역설적으로 이는 우리가 사랑하는 미국에 언제나 가치와 비전이 부족했음을 기억해야 한다는 것을 의미한다. 오로지 다른 이를 낭만화하지 않을 때 나는 그를 진실로 사랑할 수 있으며, 조국에 대한 사랑도 마찬가지다.

다음에 다시 위대한 '미국을 만들어야' 한다는 비현실적 개념을 듣는다면, 노예제도, 남북전쟁, 흑인차별 정책, 신흑인차별 정책, 대공황, 베트남, 조 매카시, 이라크, 노숙인과 기아, 탐욕으로 2008년 초래된 재정 붕괴 등 그 밖의 수많은 사안을 생각해보라. 그리고 나서 우리가 "미국의 '위대함'을 말할 때 어떤 시대에 대해 이야기하고 있는가"를 질문하라. 그리고 "언덕 위의 도성"「마태오의 복음서」 5장 14절 "너희는 세상의 빛이라. 산 위에 있는 동네가 숨기우지 못할 것이요"에서 가져온 말로, 자신들이야말로 새 예루살렘에 선택된 사람들로서 하느님의 명령을 지상에 실현하기 위해 선봉장이 되어야 한다는 청교도적 선민의식의 상징적 표현을 자처함으로써 어떻게 미국인이 환상에 매달리는지를 들여다보라.

모든 도덕적 기형을 구비하고 있는 이 '탈진실post-truth' 대통령은 사실 전혀 새롭지 않다. 인간의 구성물과 인간 자체가 그러하듯, 사랑하는 조국 미국도 결함을 내재하고 있다. 바로 그 때문에 우리의 불완전한 창건자들은 '좀더 완벽한 통합'의 추구라는 끝없는 과업을 미국적 의제의 중심에 놓은 것이다.

2017년 1월 20일은 미국에서 '모든 것이 무너져 내린' 날이 아니다. 그런 순간은 오랜 역사 속에 종종 있었다. 우리는 그것을 극복한 바 있고, 민주주의를 열렬히 사랑한다면, 다시 극복할 수 있다.

나는 2017년 취임식을 보지 않았다. 나는 수백만의 미국인처럼 치유에 헌신하는 이들인 병원 목회자들을 위한 주말 피정을 이끌었다. 하지만 '우리 본성의 선한 천사'를 조금도 닮지 않은 사람의 취임식이 거행되던 시간, 나는 초등학교 이후 내게 큰 도움을 준 시구를 조용히 암송하고 있었다. "당신은 나의 지도자가 아니다."

이 말은 공공선에 일조할 수 있다면 지도자가 아닌 스스로의 영혼을 따를 자유도 나의 양도할 수 없는 권리 중 하나라는 사실을 상기시킨다. 또한 애국자라면 그래야 하듯, 조국과의 사랑싸움을 지속하도록 나를 북돋아준다.

# 다양성을 찬양하며

장폴 사르트르는 "타인이 지옥이다"라는 유명한 말을 남겼다. 나는 이 말을 쓰기 바로 전에 사르트르가 무엇을 하고 있었는지 궁금하다. 메인 코스가 부실한 접대용 점심식사를 견디고 있었을까? 아니면 고용주가 초대한 '동기부여 강사'의 격려 연설을 듣고 있었을까? 혹은 어디에선가 칵테일파티 중이었을까? 그렇다면 그의 고통이 느껴진다.

하지만 하나의 일반화로서, 사르트르의 지옥 정의는 내 이해 범위를 벗어나도 한참 벗어난다. 내게 지옥은 훨씬 더 구체적이다. 그곳은 대학을 나와 재정적으로 안정된 50세 이상 이성애자 백인 남성들(즉 나 같은 사람들)만이 거주하는 곳이다. 다양성은 내게 있어 삶의 재미보다 훨씬 더 중요하다. 이는 충만하고 건강한 삶의 기본 요소다.

미국인의 삶이 '타자성'에 대한 두려움에 의해('우리 모두가 비슷했던' '좋았던 옛 시절'에 대한 거짓되고 해로운 향수에 의해) 그토록 좌지우지될 때, 다양성이 없다면 우리가 어디에 있을지 생각해보자. 모든 친구가 우리와 유사한 배경 출신이라면, 그리고 삶을 바라보는 방식도 우리와 대부분 비슷하다면 우리는 어떤 대가를 치르게 될까?

대자연이 이 질문에 대한 답을 얻는 데 도움을 줄 수 있으며, 나는 미네소타 농촌지역에 사는 친구를 방문했을 때 이를 깨달았다. 우리는 차를 몰고 되돌아가고 있었다. 마음이 무뎌질 만큼 지루하고 가지런하게 늘어선 광활한 옥수수 들판을 지나는 중이었다. 어느 언덕에 올랐을 때 친구가 침묵을 깼다. "잘 봐."

미국식 농경 사업이라 불리는 획일성의 바다 위에 섬 하나가 떠 있었다. 거기에는 바람에 날아온 풀과 야생화가 피어 다양한 질감과 색채로 내 눈을 즐겁게 해주었다. 우리는 차에서 내려 그 한 폭의 평원을 거닐었다. 거기에는 시적인 이름이 붙은 여러 식물이 자라나 있었다. 잠시 침묵이 흐른 뒤 친구가 다시 입을 열었다. 대략 다음과 같은 내용이었다.

이 평원에는 150종 이상의 식물이 있다네. 그것들이 불러들이는 곤충, 새, 포유류까지 합치면 훨씬 더 많은 생물이 서식하지. 우리가 그 풀밭을 갈아엎고 농경을 시작하기 전의 모습 그대로, 그들은 거기에 그냥 있어. 물론 아름답지. 그러나 그게 전부가 아닐세. 생물종 다양성 덕분에 생태계는 좀더 창조적이며 생산적이게 되고, 변화에 잘 적응할 뿐 아니라 스트레스에도 더 잘 견디지. 우리가 차를 몰고 지나온 농경지대는 우리에게 음식과 연료를 제공하네. 그러나 우리는 이런 단일 경작을 위해 엄청난 대가를 치르고 있어. 대지의 생명력을 떨어뜨리고 식재료의 질과 지속 가능성을 위기에 몰아넣는 거지. 옛 모습 그대로의 평원(복원될 수 있는 상태)은 우리가 어떻게 살아야 하는지에 대해 많은 것을 가르쳐준다네.

내게 생물 다양성과 사회 다양성 간의 유사점은 명화하고 설득력 있어 보인다. 그 가운데 몇 가지만 나열하면 다음과 같다.

**첫째, 다양성은 우리 삶을 더 활기 있게 한다.** '타자성'의 잦은 경험은 똑같은 사람들과 똑같은 생각들의 끝없는 순환에서 비롯되는 권태로부터 벗어날 수 있게 해준다. 뿐만 아니라 우리의 활력을 떨어뜨리고 지상에서의 안락함을 가로막는 '타자'에 대한 두려움도 덜어준다.

외부인의 출입을 통제하는 커뮤니티, 라이프스타일이 폐쇄적인 공동체에 살면서 다양성과 담을 쌓는 이들은 점점 타인과의 만남이 자신에게 해를 끼치리라는 피해망상에 빠질 것이다. 하지만 일상적으로 '이방인들의 동반'을 경험하는 사람들은 그렇지 않다는 것을 배운다. 가까이 다가가보면, 외모나 목소리가 비슷하지 않다고 해서 뿔을 달고 있는 것도 아니며 심지어 어떤 사람은 후광을 내뿜기도 한다는 게 드러난다.

이십대 후반에 멀리 떨어진 주에서 휴가를 보낸 적이 있다. 나는 숲에서 하이킹을 했고, 어린아이가 있는 우리 가족은 주립공원에서 해변을 즐겼다. 한 시간 후 나는 길을 잃었고, 날이 저물 텐데 가족들은 잘 있을까 하는 걱정에 공황 상태에 빠졌다.

나는 비틀거리며 숲 기슭의 작은 마을로 가서 집집마다 문을 두드리기 시작했다. 나와 내 숨 가쁜 도움 요청을 두려워한 이들에게 나는 네 차례나 외면당했다. 다섯 번째 집 문을 두드렸을 때, 그 신사는 말했다, "제 트럭에 타세요. 5분이면 해변에 갈 수 있어요." 내 착한 사마리아인은 흑인이었고 앞선 네 명은 백인이었다.

이 이야기 하나가 훌륭한 사회학을 만들지는 않지만, 나는 유전학이 아닌 사회 경험에 의해 패턴이 반복적으로 발생한다는 것을 알게 되었다. 나를 거부한 백인들은 결코 길을 잃고 두려워해본 적이 없거나, 혹은 그런 처지에 놓인 사람을 무서워했다. 하지만 미국에서 유색인들은 (노예의 역사, [구/신] 흑인차별 정책, 그리고 '100퍼센트 백인 지역sundown towns'[16]을 경험했기에) 길을 잃은 두려움이 어떤 느낌인지를 인생에서 일찍이 배운다. 그리고 그 결과로 연민을 가질 수 있다.

**둘째, 다양성은 우리를 더 현명하고 창조적이게 해준다.** 배경이 다른 사람들은 다른 것들을 알고, 아는 것을 다르게 해석한다. 우리가 '다름의 대화' 안으로 모일 때, 집단은 그 안에 있는 개인들보다 더 현명해진다. 이러한 원칙은 현실적인 문제 해결에서부터 과학적 탐구, 영원한 신비에 대한 사색에 이르기까지 모든 것에 적용된다. 함께하는 우리 모두는 홀로 있는 우리 개개인보다 더 현명하다. 유엔에서의 근사한 하루처럼 보일 만큼 다국적으로 구성된 창조적 부서들을 거느린 하이테크 회사 CEO라면 누구든 붙잡고 물어보라.

동질성은 우리를 우둔하게 하며 곤경에 빠뜨린다. 그 우둔함은 가령 아는 멕시코 사람이 거의 없거나 그들에 관해 아는 바가 거의 없는 까닭에 상당수의 멕시코인이 마약상, 강간범, 그리고 온갖 종류의 '나쁜 녀석들bad hombres, 트럼프의 발언'[17]이라는 우리의 45대 대통령의 거짓말에 속아 넘어가는 것을 말한다.

최근 일부 미국인은 이런 우둔함의 결과로 집중적인 특별 강좌를 듣고 있다. 2017년 2월 9일, 미국 중서부의 한 도시 내 멕시칸 레스토랑의 총애받는 매니저가 통보 없이 미국 정부에 의해 '구금'되어 그의 가족 및 지역사회로부터 격리되었다. 2월 이후 불법 이민자의 국외 추방을 지지하는 한 주민이 많은 이를 대변하여 이야기했다.

아마도 각 사례를 세밀하게 들여다봐야 할 것이다. 이에 관해서는 흑백 논리로 접근하기 어려운데, 카를로스와 같은 사람들이 있을 수 있기 때문이다.[18]

맞는 말이다. 하지만 카를로스가 추방되기 전에, 그의 가족이 파괴되고 지역사회가 10년 동안 그곳에 거주한 모범적인 시민 한 사람을 잃기 전에,

이 신사와 그의 동료 시민이 그러한 총체적인 '흑백' 논리를 이해할 만큼 멕시코 사람들에 관해 잘 알았더라면 (또는 충분한 도덕적 상상력을 가졌더라면) 더욱 현명하게 대처할 수 있지 않았을까?

**셋째, 다양성은 우리 개개인에게 회복탄력성을 증진할 기회를 부여하며,** 오늘날 우리가 그것을 필요로 한다는 것을 신은 알고 있다. 나는 이름을 붙일 필요가 없는 이 정부가 시작된 지 11일 만에 「더 데일리 쇼」에서 존 스튜어트가 전한 대사에 웃는 많은 지친 영혼 중 하나다. "대통령직은 대통령을 늙게 해야지 대중을 늙게 해서는 안 된다."[19]

2017년 대통령 취임 이후 고통스러웠던 수개월 동안, 나는 스스로 건강한 칠십대라기보다 마치 므두셀라「창세기」에서 969세까지 살았다고 기록된 인물처럼 느꼈다. '이게 진짜일까?' 나는 생각했다. '존엄성, 품위, 민주주의, 그리고 진실 그 자체에 대한 참신한 공격들에 매일 고통스러워하면서, 그로 인해 사기가 꺾이고 미국인임을 부끄럽게 여기면서, 내 인생은 이렇게 저물어가는 거야?'

나는 몇몇 친구와 대화를 나누면서 회복탄력성을 되찾을 수 있었는데, 그들은 수 세대에 걸친 선조들과 마찬가지로 태어난 날부터 이러한 공격의 표적이 되어왔지만 겁먹지 않는 이들이다.

내 무슬림, 멕시코인, 그리고 아프리카계 미국인 형제자매들은 우리 모두가 실천할 수 있는 영적 연금술을 개발했다. 이는 정치적 사악함의 찌꺼기를 정치적 행동주의의 황금으로 변형시키며, 우리가 항상 그래야만 했던바 참여하는 시민이 되도록 다시 활력을 불어넣어준다. 내가 사랑하는 이들의 영혼이 공격받을 때 그것을 포기하는 게 아니라 노력을 배가할 이유로 삼는 것을 보면 회복탄력성이 생겨난다.

**넷째, 다양성은 우리가 인간 희극의 이점들을 누릴 가능성을 높인다.**
문화 간 오해가 항상 파열음을 내는 것은 아니다. 그중 일부는 치유력이 있고 생명을 주는 유머를 낳는다.

언젠가 나는 홀로코스트에서 희생당한 유대인을 기념하기 위해 아름다운 정원 가까이에 세워진 유대인 커뮤니티 센터에서 연설을 했다. 그곳에서 30분간 조용히 앉아 있다가 센터장을 만나 유대인들의 고통과 회복탄력성에 대한 이 강력한 증인들로부터 내가 얼마나 감동을 받았는지를 이야기했다.

그는 내게 센터 또한 종교 간 관계의 중요성을 증언하기 위해 노력하고 있다고 말했다.(이는 무엇보다 종교적으로 다양한 배경을 가진 사람들을 직원으로 고용한다는 것을 의미했다.) 그는 다음과 같이 말했다.

그러다 보면 웃음이 터지고 사랑스러운 순간들이 생깁니다. 최근 우리는 본사 접수 담당자로 비유대인을 고용했습니다. 그녀에게 전화를 받을 때는 "유대인 커뮤니티 센터입니다, 샬롬"이라고 말한다고 이야기했습니다. 제가 우연히 사무실에 있을 때 그녀는 첫 전화를 받았고, "유대인 커뮤니티 센터입니다, 샤잠수리수리마하수리"이라고 말했습니다!

이런 이야기에 스며 있는 선의는 우리의 인간성을 손상시키지 않으면서도, 다양성의 전선前線에서 이 위험한 시기로부터 우리가 벗어날 수 있다는 희망을 북돋아준다.

최근 나는 미국이 백인, 유럽, 기독교 문화가 지배했던 시절로 돌아가길 항상 갈망하는 과거 주요 정치 인물, 팻 뷰캐넌의 인터뷰를 들었다. 물론 그는 자신의 어젠다를 '성공'적으로 추진하는 현 정부에 흡족해하며, 45대 미국 대통령의 무수한 개인적 결함과 일련의 정치적 실패에 동요하지 않는다.

실제로 인터뷰어가 그에게 "이 국가에서 다양성이 문제인 이유가 뭔가요?"라는 질문을 했을 때, 대통령 직에 세 차례 도전했던 이 사람은 "아마 그건 선호의 문제일 겁니다. 더 편안해요. 저는 고향 친구로 함께 자란 사람들과 있을 때 더 편안함을 느끼거든요"라고 말했다.[20]

바로 이것이 "미국을 다시 위대하게"라는 성공적인 수사학 이면에 깔린 개인적 진실이다. 팻 뷰캐넌과 그의 정치적 동료들은 이 국가가 태평양에서 대서양까지 균질한 ('인종차별과 제노포비아'로 읽히는) 안락지대를 제공하길 원한다.

뷰캐넌은 나와 동년배다. 나는 원자보다 더 작은 입자만큼의 연민을 느낄 정도로 그처럼 경직되고 겁에 질린 늙은 백인들을 많이 알고 있다. 하지만 당신들은 태도를 바꿀 필요가 있다. 21세기 중반이 되면 유럽계 백인 혈통의 미국인 수는 50퍼센트 채 안 될 테니까.[21]

'좋았던 옛 시절'(어쨌든 당신들에게 좋았던)의 꿈에 매달리는 당신들이 길고 멋진 낮잠을 자며 꿈속에 빠져 있기를 바란다. 나머지 우리는 깨어 있는 가운데 산파로서 미국의 새로운 탄생을 도울 것이다. 우리는 이 순간 국가적 메스꺼움이 변화가 꿈틀거리고 있음을 알리는 또 다른 증상이길 바란다.

성의 있게 돌본다면, 미국은 내 친구가 보여주었던 게 생긴 평원지림 퇴돌아갈 수 있다. 풍부한 생물다양성, 생명력, 창조성, 회복탄력성, 그리고 영혼을 만족시키는 다양한 질감 및 색채가 담긴 생태계 말이다. 이 평원에 대한 기억을 떠올릴 때마다, 또는 이러한 사회적 현실 안에 발을 내디딜 때마다, 내 마음은 새로워지고 가슴은 부풀며, 정신은 생기를 되찾고 이 훌륭한 대지 위에서 다시 편안함을 느낀다.

# 성소의 추구

내가 어렸을 때 '성소聖召'는 오직 하나를 의미했다. 스테인드글라스 창과 단단한 목재 의자들이 있는 커다란 방이었는데, 거기서 우리 가족은 매주 일요일 예배를 드렸다. 우리 집에서 교회 출석은 선택 사항이 아니었기에, 그 안식처는 내가 기도(어서 예배가 끝나고 우리 가족이 돌아가게 해달라는 기도)를 배운 곳이었다. 아무리 간절히 기도해도 응답받지 못할 수 있음을 배운 곳이기도 했다.

오늘날 (놀랍도록 아름답고 무섭도록 잔인한 세상에서 80년을 산 후) '성소'는 내게 숨 쉬는 것만큼이나 필수적이다. 때로 나는 이를 교회, 수도원, 그리고 공식적으로 '성지'로 지정된 다른 장소들에서 발견한다. 하지만 내 영혼의 신성한 장소들에서 더 자주 발견한다. 자연 안에서, 신실한 친구들과 함께 있으면서, 홀로 또는 함께하는 침묵 속에서, 좋은 시나 음악의 분위기 속에서 말이다.

태도를 가다듬고, 영혼을 갱생하며, 상처를 치유하고, 상처받은 치유자로서 세상에 돌아가기 위한 안전한 공간이 있다면 그 모든 곳이 성소다. 이는 단지 폭풍우로부터의 피난처를 찾는 것이 아니라 영적인 생존과 지속해갈 수 있는 능력에 관한 것이다. 오늘날 성소의 탐색은 유년 시절 교회 출석이 그랬던 것처럼 선택 사항이 아니다.

우리는 폭력의 문화 속에 빠지고 있다. 비록 일상적으로 신체 상해나 사망의 위험에 처해 있지 않더라도, 총기에 집착하는 미국에는 수많은 위험이 상존한다. 우리 문화는 소음, 광란, 소비지상주의, 부족주의, 호모포비아, 여성 혐오, 인종차별 등 수많은 폭력으로 우리 영혼을 맹렬히 공격한다. 대개는 이러한 공격에 대해 둔감해진다. 우리는 일상생활을 지속하기 위해 이런 공격을 태연히 받아들이면서, 성소의 필요성을 간과한다. 그러다가 어떤 일이 일어나, 우리로 하여금 영혼을 위협하는 모든 것에 지나치게 민감하도록 만든다.

내게는 세 차례의 우울증 발작이 바로 그 '어떤 일'이었다. 수개월 동안 나는 차양을 내린 채 폐쇄된 방에서 살았다. 한 친구가 내게 더 자주 외출하라고 말했을 때, 나는 "그럴 수 없어. 세상이 칼로 가득 찬 느낌이야"라고 말했다.

나는 정신이 연약해질 대로 연약해져서 우연한 만남조차 위험하게 느껴졌고, 우연히 들은 그날의 뉴스는 이 세상에 내가 완전히 부적합하다고 느끼게 했다. 나는 삶의 위험들을 과장했고 스스로의 회복탄력성을 과소평가했다. 그러나 세계가 온통 날카로운 칼날이었던 나쁜 옛 시절에 대한 회상은, 폭력의 문화 속에서 서서히 난도질당해 죽어가는 것이 쉬운 일임을 환기시킨다.

사람들은 여러 방식으로 문화적 폭력을 다룬다. 예를 들어 어떤 이들은 세상을 거부하는 종교·정치 신념을 받아들임으로써 현실로부터 도피한다. 하지만 이는 거의 항상 고립을 심화시키고, 언제나 적들에게 둘러싸여 있다고 믿는 강박관념을 불러일으키며, '이 사람들' 또는 '이 정부'가 얼마나 우리를 통제하고 우리 생활 방식을 파괴하려 드는지에 편집증적으로 집착하게 한다. 요즈음 그런 일이 많이 일어나고 있다.

또 어떤 이들은 미국이라는 모시핏무대 전면의 춤추는 곳에 뛰어들어, 돈이나 권력 또는 악명을 추구하면서 세계의 폭력에 기여한다. 200년 전 워즈워스가 내놓았던 유명한 경고들에도 불구하고, 이 역시 빈번히 일어난다.

세상은 우리에게 너무 버겁다. 머지않아 우리는
벌고 쓰는 데 우리의 힘을 탕진해버린다
자연은 우리 것이건만, 우리는 그것에 무지하구나
모두가 마음마저 내버렸으니, 천박한 편익이다[22]

또한 어떤 이들은 우리 문화를 분별 있는 상태로 되돌리기 위해, 세상을 더 나은 곳으로 만들기 위해 노력한다. 하지만 이들조차 스스로 변화시키려 했던 바로 그 문화의 폭력에 말려들 수 있다. 우리는 그것 안에서 살아가며 그것은 우리 안에서 살아간다. 토머스 머튼의 말을 들어보자.

이상주의자들이 (…) 가장 쉽게 굴복하는 형태의 현대적 폭력이 만연한다. 행동주의와 과로가 그것이다. 현대생활의 분주함과 압박은 본질적인 폭력성의 가장 보편적인 형태일 것이다. 수많은 갈등 사안에 열중하기, 너무 많은 요구에 굴복하기, 너무 많은 프로젝트에 관여하기, 모든 일에서 모든 이를 돕길 원하는 것은 폭력에의 굴복이다. 더 나아가, 이는 폭력에 대한 협력이기도 하다. 활동가의 광란은 그의 일을 무효화한다. (…) 광란은 그가 하는 일의 결실을 파괴하며, 일을 유익한 것으로 만드는 내적 지혜의 뿌리를 죽이기 때문이다.[23]

머튼은 우리의 가장 심오한 요구들 가운데 하나를 거명한다. 일과 삶 자체를 유익한 것으로 만드는 '내적 지혜의 뿌리'를 보호하고 양성하기. 영혼이라 불리는 원뿌리로부터 영양분을 공급받는 우리는 세상으로부터 도망치거나 그것을 착취할 필요가 없다. 대신 인간 최고의 가능성을 열망하면서, 세상(그리고 우리 자신)의 모든 결점을 끌어안으며 세상을 사랑할 수 있다.

그렇게 살 수 있으려면, 세상을 사랑하기 위한 목적으로 우리 영혼을 재생시키면서, 언제 어디서 안식처를 구할지를 알아야 한다. 내적 지혜의 뿌리를 길러내는 모든 것으로부터 도움을 받을 때, 행동주의 및 과로의 폭력에 의해 왜곡될 가능성도 낮아진다. 이를 이해할 때, 우리는 비폭력(우리 문화의 폭력을 초월하고 변형시킬 기회를 열어주는 존재의 유일한 방식)의 중심을 향해 이동 중이라고 할 수 있다.

2011년 3월, 하원의원 존 루이스가 이끄는 사흘간의 연례 의회 인권 순례Congressional Civil Rights Pilgrimage에 갔을 때 나는 이 사실을 떠올렸다.[24] 첫째 날에는 버밍햄, 앨라배마, 둘째 날에는 몽고메리 내 운동 현장들을 방문했으며, 셋째 날('피의 일요일' 46주년)에는 1965년 스물다섯 살의 나이로 행진한 이후 다시 한번 선두에 선 존 루이스와 함께 셀마의 에드먼드 페터스 다리를 행진했다.[25]

이 순례에서, 우리가 다시 방문한 역사적 현장과 관련해 두 가지 일이 떠올랐다. 하나는 많은 청년이 비폭력 교육을 너무 잘 받은 탓에, '공공 안전' 담당 공무원들의 공공연하고 잔인한 공격을 반격하지 않고 버틸 수 있었다는 사실이다. 문화의 폭력에 굴복하기를 거부함으로써, 이들은 무장전쟁이 될 수도 있었던 투쟁을, 국가의 지형과 법률을 바꾼 도덕적 증거로 전환시켰다.

다음은 우리가 방문한 대부분의 시민권 현장이 내가 안절부절못하는 아이로서 앉아 있던 성소와 비슷하다는 사실이다. 그러니까 그곳은 여러 세대의 아프리카계 미국인이 20세기 중반에 꽃피운 운동의 씨앗을 뿌린 성소들이었던 것이다. 나는 특히 셀마의 브라운 채플 교회에 감동을 받았다.[26] 이는 평화 시위자들이 에드먼드 페터스 다리를 가로지르는 1차 행진을 준비했던 곳이자, 건너편에서 부러지고 피투성이가 된 후 피신했던 곳이다.

비폭력적 삶을 열망하는 사람으로서(스스로 영원히 부족할 것임을 알고 있다) 문화의 폭력적 지배를 느슨하게 하고자 할 때 성소가 필요하다는 것을 안다. 또한 세상에는 많은 브라운 교회가 있다는 것도. 내게 필요한 것은 건물이 아니라, 침묵, 숲, 우정, 시 또는 노래일는지 모른다.

이 에세이를 쓰면서 친구이자 동료 캐리 뉴커머와 이 주제에 대해 오랜 대화를 나눴다. 대화를 나누고 몇 주 뒤에 그녀는 자신이 작곡한 「성소 Sanctuary」라는 곡을 보내주었다. 노래는 그 자체로 내게 성소가 되었다. 당신에게도 성소가 되어줄 수 있을 것이다.●

---

● 이 곡은 NewcomerPalmer.com/home에서 무료로 내려받을 수 있다.

# 겨울 숲

장엄한 강 옆의 겨울 숲은

두 번 보이네—

한 번은 겨울 숲이 잘 부서지는 대기를 찌를 때

한 번은 시냇물 아래로 우아하게 춤출 때


대기 중에서 이 나무들은 거친 날것으로 서 있고,

나뭇가지는 황량한 무늬로 앙상하네—

물속에서 계속 희미하게 반짝이며

꿈속에서처럼 멀어지네, 흐릿하게, 하지만

우리 눈앞에 굳세고 냉정하게 서 있는 것보다

더욱 생생하게


평화로운 우리 눈은 장엄한 시냇물이고
세상 그 자체는 두 번 보이네—
한 번은 우리 머리 바깥에서
엄동설한에 꽁꽁 얼어붙은 모습으로,
한 번은 우리 마음의 고요한 물 아래서
물결치고 빛나는 풍경으로


강들이 거세게 휘몰아치거나 얼음이 서릴 때
세상은 두 번 보이지 않네—
하지만 여전히 시냇물의
가려진 표면 아래에는
우리가 이해할 수 있는 것보다
더 생기 넘치며 사랑스러운 것,
항상 보이기를 기다리고
기다려온 것이 있네
– 파커 파머

# 6장

# 안쪽으로 손을 뻗기

당신의 영혼에 관여하면서 살아가기

수천 년 동안 세상의 지혜가 영혼에 다다르는 다양한 경로를 그리는 데 주력해왔건만, '안쪽으로 뻗어간다는 것'의 의미를 모르는 사람들이 있다. 그들의 잘못은 아니다. 초등학교에서 대학원에 이르기까지, 우리는 내면의 여행을 위한 안내를 거의 받지 못했기 때문이다. 교육의 수호성인 소크라테스가 자기 점검을 가치 있는 삶의 열쇠로 여겼는데도 말이다.

우리가 젊어서 오로지 외부 세계에만 관심을 쏟을 때는, 얼마간은 내면의 생활 없이도 그럭저럭 '살아 있다'고 느낄 수 있을 것이다. 그러나 위축과 실패를(이는 어느 나이대에나 닥칠 수 있고, 나이를 먹으면 피할 수 없는 것이다) 경험할 때, 내면의 자원이 부족하면 자기 시간 앞에서 죽어 있다고 느낄 위험이 있다. 그렇다고 모든 것을 잃어버리는 건 아니다. 시인 릴케는 다음과 같이 말한다.

아직 당신은 차갑게 식지 않았습니다
또한 생명이 자신의 비밀을 조용히 풀어놓기 위하여
깊어가는 당신의 바닥으로 잠기기에도
아직 때는 늦지 않습니다![1]

'내면의 삶'은 무엇을 의미하는가? '존재의 바탕'을 되찾고 자아보다 더 크고 진실된 무언가에 뿌리내릴 수 있도록 하는 원대하고 조용하며 고독한 성찰의 과정을 뜻한다. 그렇게 해야만 우리는 원근법에 맞춰 삶을 조망할 수 있고, 어둠과 빛을 끌어안을 수 있으며, 나이가 들면서 흔히 생겨나는 후회와 두려움을 초월할 수 있다. 또한 시인 스탠리 쿠니츠가 마음에서 일어나는 '상실의 축제'라고 부른 것과 화해할 수 있다.[2]

물론 내면의 여행에도 도전이 따르고, 그 때문에 우리는 그 길에 나서길 꺼린다. 내면으로 들어갈 때, 우리는 우리 자신의 악마와 얼굴을 마주해야 하고, 터널 끝의 빛을 볼 수 없는 채로 어둠 속에서 장거리를 이동해야 한다.

그 여행이 주는 도전과 보상이 무엇인지에 대해서는 작가 애니 딜러드가 멋지게 요약했다.

그 깊은 바다에는 심리학이 우리에게 경고해온 폭력과 테러가 있다. 하지만 우리가 이 괴물들을 추적하면, 그들과 함께 세상의 가장자리 너머로 떨어지면, 과학이 그 위치를 파악하거나 이름 짓지 못하는 무언가를 발견하게 된다. 다른 것들을 물에 뜨게 만드는 기층基層, 대양이나 모체, 또는 에테르 같은 것이다. 그것은 선량함에는 선한 힘을, 악마에게는 사악한 힘을 주는 통일장場이다. 이곳에서 서로를 보살피고 함께 영위되는 삶을 돌보는, 복합적이고 설명하기 어려운 마음이다. 이는 주어지는 것이지, 배워지는 것이 아니다.3

서문에서 말했듯 나이듦이라는 게 잃어버릴 것이 더 이상 남지 않았다는 말의 다른 표현에 불과하다면, 내면 깊숙이 뛰어드는 위험의 감수는 나이가 들면 더 쉬워져야 한다. 그것은 우리가 감수해야 하는 위험부담이다. 가치 있는 것은 모두 그렇듯, 잘 늙고 잘 죽는 것도 연습을 요한다. 가장자리를 넘어 "다른 것들을 물에 뜨게 만드는 기층, 대양이나 모체, 또는 에테르"를 향해 나아가는 연습 말이다.

이 장의 첫 번째 에세이 「인간의 연약함을 끌어안기」는 우리에게 교훈을 준 스승들이 그러했듯이 삶 속으로 들어오는 모든 것(좋은 것, 나쁜 것, 추한 것 등)을 환영하도록 배우는 일을 다룬다. 이따금 하늘을 향해 소리 지르고 싶을 때가 있다. "거룩한 이의 이름으로 비옵나니, 배움의 경험은 이제 그만! 제발요!" 그렇지만 나이가 들수록, 젊을 적에는 배울 준비가 되어 있지 않았던 경험들에 의해 삶은 더 풍요로워진다.

「나의 공모를 고백함」은 백인우월주의가 뿌리내린 사회에서 백인으로 살아간다는 것이 무엇인지를 생각한다. 죄책감을 갖고 있는 것은 아니다. 다만 고백되어 다뤄지지 않고 넘어가면 나 같은 사람이 지속적으로 문제의 일부가 되도록 하는 사회 병리의 내적 뿌리를 인정하는 것이다. 미국에서 인종주의만큼 치료를 요하는 질병도 없다. 그것은 비이성적인 두려움을 불러일으키며, 나아가 최악의 정치적 사악함을 불러일으킨다. 나는 살아 있는 동안 그것을 해결하는 데 조금이라도 기여하고 싶다. 그러려면 내 마음을 정밀하게 조사해 어떤 병원균이 있는지를 찾아봐야 한다. 세상의 치유를 돕고자 한다면, 먼저 스스로를 치유해야 한다.

자기방어적인 망상을 내려놓고 인종주의나 죽음 같은 현실에 의식적으로 맞서려고 하면, 우리가 피하고자 애써온 비통함을 종종 경험하게 된다. 「비통함과 새로운 삶의 희망」은 부서져 흩어지는 것이 아니라 부서져 열리는 마음의 변형적 힘에 대해 생각한다. 부서져 열린 마음은 영적 연금술의 장소로서, 바로 그곳에서 어려운 경험의 불순물이 지혜의 황금으로 변형된다. 필요한 것은 단 하나. 연습, 연습, 연습이다!

「역설의 계절」은 가을로부터 무엇을 배울 수 있는지에 관해 썼는데, 우리 주위에서 떨어지고 죽어가는 것들이 사실은 새로운 탄생의 계절을 위해 씨를 뿌리고 있음을 이야기했다. 자연계의 가을은, 우리 인생의 가을에서 경험하는 '작은 죽음들', 그리고 우리가 가장자리를 넘어갈 때 일어나는 '큰 죽음'이 새로운 생명의 떠오름에 필수 불가결하다는 점을 상기시켜준다.

「애팔래치아의 가을」은 켄터키의 어느 골짜기에서 멋진 10월의 오후를 보내면서 쓴 시다. 나를 둘러싼 오래된 산맥은 생애를 원근법으로 바라볼 수 있게 해주었고, 말로 다 나타낼 수 없는 내면의 여행으로 나를 인도했다. 그 길에서 이 시가 내게 다가오기 시작했다.

# 인간의 연약함을 끌어안기

## 여인숙

인간이란 존재는 여인숙과 같다
매일 아침 새로운 손님이 도착한다

기쁨 절망 하찮음
그리고 얼마간 순간적인 깨달음이
예기치 않은 방문객처럼 찾아온다

그 모두를 환영하고 맞아들이라!

설령 그들이 슬픔의 군중이어서

그대의 집을 난폭하게 쓸어가버리고

가구를 몽땅 내가더라도

그렇다 해도 찾아오는 손님 모두를 존중하라

그들은 어떤 새로운 기쁨의 자리를 마련하기 위해

그대의 내면을 깨끗이 청소하는 것인지도 모르니까


암울한 생각 부끄러움 원한

그들을 문에서 웃으며 맞으라

그리고 그들을 집 안으로 초대하라


누가 들어오든 감사하게 여기라

모든 손님은 저 너머에서 보낸

안내자들이니까

— 루미 **4**


「여인숙」을 처음 읽었을 때, 루미가 특별히 나를 위해 이 시를 썼다고 확신할 정도였다. 마치 그가 내 일기를 읽은 것만 같았다. 그가 명명하는 감정들은 내게도 흔히 일어나는 것이다.

루미는 그 "예기치 않은 방문객"에게 문을 열어주라고 말하지만, 내 경험상 그럴 필요는 없다. 문이 열려 있지 않으면, 그들은 문짝을 부수고 들이치거나, 창문을 깨고 들어오거나, 아니면 안티클로스처럼 굴뚝을 타고서라도 잠입할 것이다.

일단 그들이 들어오면, 나는 루미가 조언하듯이 "그 모두를 환영하고 맞아들이"고 싶지는 않다. 그 대신 나는 그들을 걷어차며, 화가 월터 지커트가 화난 손님에게 했다는 말을 던지고 싶다. "시간이 별로 없을 때 꼭 다시 오세요."[5] "시간 여유가 있을 때, 꼭 다시 오세요"라는 통상적인 표현을 그 화가가 뒤집은 말

그런데도 루미는 우리가 이 성가신 손님을 환영해야 할 뿐 아니라, "누가 들어오든 감사하게 여겨"야 한다고 권유한다. 비록 "그대의 집을 난폭하게 쓸어가버리고 / 가구를 몽땅 내가더라도" "어떤 새로운 기쁨의 자리를 마련하기 위해 그대의 내면을 깨끗이 청소하는 것인지도 모르니까"라면서.

오랫동안 나는 루미의 메시지를 이렇게 풀이했다. "이런 곤란한 감정들이 지나가고, 행복한 감정들이 그 자리에 들어설 것이다." 그런데 어느 순간 나는 이를 새롭게 이해하게 되었다. 그 파괴자들이 내 여인숙을 엉망으로 만들고 있는 그 순간에조차, 그들의 현존은 내가 인간이라는 신호임을. 루미가 말하듯이, "이 인간이 여인숙이다". 이 사실은 자신의 인간적 조건을 인정하고 받아들이는 모든 사람과 나를 결합시켜준다. 그러면서 나에게 한 가지 사실을 새삼 확인시켜준다. 좀더 온전한 인간이 되기 위한 끝없고 때로는 위험한 여정에서, 우리는 수많은 동반자를 만나게 된다는 것.

간디는 그의 자서전을 『간디 자서전: 나의 진리실험 이야기』[6]라고 불렀

다. 실험이란 배움의 방식이며, 많은 실험은 실패로 돌아간다. 우리가 인생을 실험적으로 산다면, 실패는 개인적일 것이며 그중 몇몇은 극적일 것이다. 그러나 모든 과학자가 알고 있듯이, 우리는 성공한 실험보다 실패한 실험에서 더 많이 배우곤 한다.

트라피스트회 수도사 토머스 머튼은 내 개인적인 성자 가운데 한 명이다. 비록 교회의 기준으로 보면 극적인 '실패' 때문에 그가 속한 교회에 의해 성자 반열에 오르지는 않을 듯하지만 말이다. 그는 기독교 바깥의 도교 및 불교에서 지혜와 위로를 찾았을 뿐 아니라,[7] 말년에는 입원했던 병원의 간호사와 깊은 사랑에 빠졌다.

그의 삶이 쓰레기로 가득 찬 '여인숙'이 될 만큼 번민의 시간이 오래 지속되는 동안, 머튼은 수도원을 떠나 사랑하는 여인과 결혼을 해야 할지를 놓고 씨름했다.[8] 결국 그는 수도사의 서약을 지키겠노라는 고통스러운 결정을 내렸다. 그러나 머튼의 가까운 친구가 내게 말해주길, 고통이 가라앉았을 때 머튼은 이 친밀한 '진리실험'에 대해 놀라운 말을 했다고 한다. "내게 하느님 이외의 누군가를 사랑할 능력이 있음을 비로소 알게 되었다."

이 세계적인 수준의 신비주의자가 "다른 인간을 사랑하는 것에 비한다면 하느님을 사랑하기란 식은 죽 먹기다. 인간 되기가 거룩해지기보다 더 어렵다"라고 말하다니, 얼마나 놀라운가. 머튼은 작가 미들턴 머리가 했던 말, "선한 사람이 선함보다 온전함이 낫다는 사실을 깨닫는다는 건, 꽉 막힌 다른 생활로 살아가기 시작한다는 뜻이다. 과거의 청렴은 이에 비하면

꽃처럼 분방한 방종이다"가 무엇을 뜻하는지 이해하게 되었다.[9]

이것은 전체성wholeness으로 나아가는 고된 길이다. 온전한 인간이 되기 위해 걸어야 할 이 길은, 끊임없이 넘어지고 다시 일어날 각오가 되어 있는 사람들만이 걸을 수 있다. 또한 인간, 온전한 인간이 된다는 것은 축하받을 일이다. 머튼이 켄터키주 루이빌 시내에서 통찰에 대해 쓴 일기는 다음과 같이 시작된다.

루이빌의 어느 쇼핑센터에서, 나는 이 모든 사람을 사랑한다는 깨달음에 갑자기 압도당했다. 그들은 내 사람들이고, 나는 그들의 사람이다. 비록 철저하게 타인이지만, 우리는 서로에게 이방인일 수 없다. 이 깨달음은 분리됨의 미몽, 금욕과 이른바 거룩함이 지배하는 특별한 세계에서의 그럴싸한 자기 소외의 미몽에서 깨어나는 것이었다. 거짓 차이로부터 벗어날 때의 해방감은 큰 소리로 웃고 싶을 만큼 엄청난 안도감과 기쁨을 가져다주었다. 그 행복감은 이런 말로 표현될 수 있을 듯하다. "오 하느님 감사합니다. 제가 다른 사람들과 똑같다니요. 저도 다른 사람들 가운데 한 명이라니요."[10]

한번은 믿을 만한 상담자이자 친구(신학자 넬 모턴의 말을 빌리자면[11] "말을 이끌어내는 경청"의 방법을 아는 사람)에게 내 결점 하나를 털어놓은 적이 있는데, 그때 나는 잊을 수 없는 말로 축복을 받았다. "인류가 되신 것을 축하합니다." 내 친구는 내가 넘어졌다는 사실에 화를 내지 않았다. 그는 그 모든 이야기를 이전에도 많이 들었고, 그 자신 역시 넘어진 적이 있으며, 신학자 하워드 서먼이 "인간적 허약함"[12]이라고 부른 것을 기꺼이 환대했다.

요즘 사람들이 자신의 망가진 모습을 내게 공유할 때, 내 첫 번째 목표는 안전한 공간을 만들어 그들이 말할 수 없으리라 여겼던 이야기를 무엇이든 꺼낼 수 있도록 하는 것이다. 그리고 신학자 파울 요하네스 틸리히의 말을 빌리자면, "자기가 받아들여졌다는 사실을 받아들이기"[13]를 배우게끔 하는 것이다. 나는 궁극적으로 내 인간적 경험의 깊은 곳에서 우러나오는 목소리로, 그들에게 "인류가 되신 것을 축하합니다"라고 말할 수 있기를 바란다.

이런 말은 루미가 「여인숙」에서 말한 "슬픔의 군중"이 방문했을 때 느끼는 무서운 소외감에서 우리를 구원해준다. 이런 말은 온전한 인간이 되는 임무에 충실하도록 우리를 도와준다. 이 세계에서 인간적 연약함을 존중하고 끌어안지 않으면 우리는 생존할 수도, 번영할 수도 없다.

# 나의 공모를 고백함

유색 인종에 대한 백인들의 폭력이 또다시 폭발할 때, 내 친구이자 나로파 대학 이사장인 제리 콜로나는 미국의 상황에 대한 자신의 싸움을 설명하는 자애명상(불교도들은 그렇게 부른다)을 트위터에 올렸다. 그렇다, 훌륭한 사람들도 트위터를 한다트럼프가 매일 트위터하는 것을 비꼬는 말.

그의 메시지는 이렇게 시작된다. "성 프란치스코에게 송구하지만…… 주여, 분노와 두려움의 낚싯바늘을 물지 않도록 제게 평정을 주소서." 그 줄을 읽으면서 이런 생각을 했다. '제리는 내 영혼을 제대로 들여다보며 본심을 알아차리고 있군.' 내 종교적 전통에서는, 자신의 결함이 발견되면 오직 하나의 길만 있다. 고백하고, 용서를 구하고, 스스로를 용서하고, 다음번에는 그것을 바로잡는 것이다.

내 고백은 단순하다. 나는 오만하고 원칙 없는 대통령에 대한 분노의 낚싯바늘을 매일 문다. 그가 일부러 조장한 백인국가주의라는 유독성 대수층帶水層, 내가 선하고 진실하며 아름답다고 여기는 거의 모든 것에 대한 끝없는 맹공격에 화가 치밀어 오르는 것이다. 나는 두려움의 낚싯바늘도 물게 되는데, 트럼프 대통령이 우리로 하여금 두려워하길 바라는 "이 사람들"이 무서운 게 아니다. 내가 두려워하는 것은 이 대통령이다. 그가 미국과 다른 나라의 형제자매들에게, 미국의 민주주의에, 세계 평화에, 그리고 지구 자체에 가하는 해악이다.

제리는 분노에는 잘못된 것이 없다고 말하는데, 난 그 말이 좋다. 워싱턴 DC에서 일어나는 일들에 분노하지 않는다면 멍청하고 무감각해졌을 텐데, 나는 그렇게 되고 싶지 않다. 아둔함(여기에는 나 자신도 포함된다)은 우리를 이 역겹고 위험한 엉망진창에 빠뜨리며, 무감각함은 엉망진창을 더 악화시키면서 그 안에 우리를 묶어둔다.

분노는 문제가 아니다. 문제는 분노의 낚싯바늘을 무는 것이다. 잠깐 고양시켰다가 더 기분 나쁜 상태에 머물게 하는 것이다. 그것은 우리의 안녕을 빼앗고 다음번 타격에 대한 끝없는 욕망을 불러일으킨다. 낚싯바늘에 걸리면 에너지가 소진되고 건강이 상한다. 더 나쁜 것은, 지금 잘못되어가는 일에 대한 개인적 책임을 회피하는 것이다. 여기서도 제리의 자애명상은 내 상태에 대해 말해준다.

증오와 냉담함의 이 충격적인 발흥에 계속 무심코 공모하게 만드는 제 무의식적 편견을 볼 수 있는 지혜를 주소서. 증오와 냉담함 역시 기쁨과 희망 그리고 사랑만큼이나 미국적 실험의 일부였음을 잊지 않게 하소서. 이 실험이 제 의식에는 새롭지만, 특권과 함께 따라오는 돈과 권력을 갖지 못한 미국인들에게는 삶의 일부였음을 알게 하소서.

제리가 스스로를 채찍질하며 부질없는 수행을 촉구하고 있다고 말하는 사람이 있을 것이다. 나는 그렇지 않다고 단언한다. 그는 우리에게 자기 점검과 자기의식을 촉구한다. 최소한 스스로를 면밀히 들여다보지 않는 삶은 살아갈 가치가 없다고 믿었던 소크라테스 정도까지만이라도 돌아가자는 것이다. 한마디 덧붙이자면, 그러한 삶은 타인에게도 위협이 된다.

그래서 벌써 몇 번째인지 모르겠지만, 나는 백인의 특권과 거기서 비롯된 불의 및 비인간성에 공모해왔음을 인정하려 애쓰고 있다. 나 같은 백인이 그 모두를 무시하거나 부인하는 것은, 그것을 돕고 사주하는 또 다른 방식일 뿐이다.

증거가 명백하지 않은가? 자동차 후미등이 깨졌다고 경찰이 차를 세울 때 대응하는 것에서부터 어떤 지역에서 집을 빌리거나 사는 것까지, 백인들에게는 쉽고 안전한 수많은 일이 유색 인종에게는 어렵고 위험하다. 흑인 대통령 노릇은 백인 대통령의 그것보다 더 위험하다. 만일 오바마 대통령이 지금 대통령처럼 지독한 말을 늘어놓는다든가 비즈니스나 가정사에 있어 '부정'을 저질렀다면, 그의 정치 이력은 불명예 속에서 잿더미가 되어 버렸을 것이다. 백인의 특권은 강력하다. 우리가 자기 안에서, 그리고 문화 속에서 그 실체를 인정하기를 거부하면 그것은 더 강력해진다.

그러나 내 고백은 백인적 특권을 인정하는 데서 더 깊이 들어가야만 한다. 수많은 백인과 마찬가지로, 나도 백인우월주의의 무의식적 요소들을 품고 있다. 이런 독성을 가진 신념 위로 차오르는 밀물에 맞서고자 한다면, 그 사실을 온전히 의식해야 한다.

물론 나는 그 신념과 행동이 핵심 그룹에도 해악을 끼치는 KKK Ku Klux Klan, 인종차별 철폐에 반대하는 미국 남부의 폭력적 비밀 단체 등에 소속되어 있거나 이들을 지지하지는 않는다. 하지만 이는 백인우월주의를 최악의 형태로 국한시키는 구실이 된다. 그렇게 함으로써 나 같은 사람은 이 나라의 현실을 인정할 책임을 회피하게 된다. 부분적으로 흑인의 노예화 위에 세워진 나라에 백인우월주의의 문화적 지층이 없을 수 있겠는가? 그 땅에 뿌리내리고 있는 백인들이 그 독성에 오염되지 않을 수 있겠는가?

나 자신을 자세하고 정직하게 들여다볼 때, 나는 미묘하고도 치명적인 형태의 백인우월주의를 발견한다. 오랫동안 나는 '백인은 정상'이라고, 백인의 방식은 '정상적인' 방식이라고 무의식적으로 가정해왔다. 다른 모든 방식은 기껏해야 '이국적'이고, 종종 '기이할 뿐' 아니라 심지어 '불쾌하며' 때로는 '무서운' 것으로 여겼다.

나는 모든 하위문화가 자기 방식을 정상이라 믿는다고 추정한다. 그러나 흑인의 노예화에 기반한 나라에서는, 백인만이 그 환상을 가질 수 있다. 우리는 '백인 역사의 달'을 설정해 우리가 문명에 기여한 바를 축하할 필요가 없다. 우리는 '흰 것은 아름답다'고 믿도록 서로를 북돋을 필요가 없다. 우리는 '백인의 삶이 중요하다'고 주장할 필요가 없다. 처음부터 백인이 우위를 점해온 미국에서는, 그 모든 것이 거저 주어졌기 때문이다.

백인이 소수인 어떤 행성에서라면, '흰 것은 정상'이라는 오만은 숨이 막히게 한다. 그리고 다른 모든 오만과 마찬가지로, 그것은 자신과 세계에 대한 관점을 왜곡한다. 예를 들어 나는 지난 50년 동안, 미국에서 백인이 아니고 이성애자가 아니며 기독교인이 아닌 사람들을 '타자'로 만드는 경향의 위험성에 대해 글을 쓰고 발언해왔다.

그렇지만 지난 수십 년간, 많은 이에게 내가 '타자'라는 사실은 깨닫지 못했다. 나는 그 범주를 내 망상 안에서 '정상' 범주에 들지 않는 사람들에게만 적용했다. 나는 타자를 혐오하거나 두려워하지 않는다. 그러나 나를 제외한 모든 사람에게서 타자성을 발견하는 것은 우월감, 심지어는 더 추악한 목적지에 이르는 길이다.

단순히 내가 백인으로 태어났기 때문에 이 모두가 나로 하여금 불길한 것에 대한 가책을 느끼게 하는 것일까? 물론 아니다. 누구도 뭔가에 가책을 느끼도록 태어나지는 않는다. 그 가책은 내가 백인이기에 사회적인 이득을 누리고, 세계관이 왜곡되며, 부정직하다는 사실을 부인할 때 따라온다. 그렇게 부인하다 보면, 나는 스스로의 오만을 인정하고 올바른 렌즈를

낄 수 없으며, 치명적인 백인우월주의와의 투쟁에 온전히 합류하지 못하게 된다.

나처럼 착각을 잘하는 백인에게 어떤 희망이 있을까? 나에 관해서 말하자면, 이 모든 에세이는 희망에 관한 것이다. 자기의식을 획득하고, 불의에 기여한 자신의 역할을 고백하며, 더 나은 본성의 천사가 발현될 수 있도록 깊은 곳으로 들어갈 때 우리 안에 뿌리내리는 미덕 말이다.

내 친구 밸러리 카우르는 인권운동가이자 변호사, 영화 제작자이면서 시크교 정의파 리더인데, 그의 공동체는 제노포비아의 폭력으로부터 고통을 받아왔다. 그녀는 혁명적 사랑 프로젝트Revolutionary Love Project를 실행하면서 사랑이 공공의 윤리이자 공유된 관습인 세계를 꿈꿨는데,[14] 그 프로젝트를 통해 나는 행동 안에서 어떤 희망이 보이는지를 이해할 수 있다.

최근의 뉴스레터에 밸러리는 이렇게 썼다. "백인우월주의는 미국의 역사만큼이나 오래되었다. 그러나 혁명적인 사랑의 행동도 그만큼 오래되었다. 그리고 모든 사랑의 행동은 서로에게 영감을 불어넣는다." 그리고 그녀는 회의주의자들에게 이렇게 말한다.

사람들이 사랑이 답이라고 말할 때 당신이 민망해진다면, 나 또한 그렇다. 나는 변호사다. 미국에서는 사랑이 운 좋은 사람에게만 일어나는 느낌으로 이야기된다. 물론 사랑이 단지 좋은 느낌일 뿐이라면, 그것은 너무 변덕스럽고 너무 감상적이며, 부정의에 맞서는 힘이 되기에는 너무 순간적이다.

페미니스트이자 유색 인종인 여성의 렌즈를 통해 (또한 전사戰士-성인 聖人이라는 시크교의 관념으로부터 영감을 받아) 밸러리는 마틴 루서 킹이 "이 순간의 극심한 절박함"[15]이라고 부른 것에 부응하는 측면에서 비폭력 행동을 재정의하고 이를 되살려낸다.

혁명적 사랑은 낭만적인 사상이 아니라 구체화된 사랑이고, 용기가 뒤따라야 하는 힘든 사랑이다. 그것이 무엇인지 설명해달라고 부탁했을 때, 밸러리는 (죽음처럼 느껴졌던 출산의 고통에서부터 사랑하는 아이를 양육하고 보호할 때 부드럽고도 단호해야 하는 생애 경험에 이르기까지) 어머니가 되어가는 자신의 경험을 묘사해주었다.

보살핌(우리 모두 안에 존재하는 역량)은 사랑을 단지 감정이 아닌 달콤한 형태의 노동으로 재정의하도록 해준다. 그것은 우리에게 '누구도 낯설게 보지 않고' 그들의 상처와 자신의 상처를 돌보며 호흡하고, 그 수고에 수반되는 모든 감정을 타개해나가기를 요청한다. 기쁨은 사랑의 선물이다. 슬픔은 사랑의 대가다. 분노는 사랑하는 대상을 지키는 힘이다.

사랑의 윤리를 실천하기로 선택하면 새로운 가능성이 태어난다. 그러나 혁명적이기 위해서는, 그 사랑을 세 갈래로 쏟아부어야 한다. 다른 사람들에게, 우리 적들에게, 그리고 우리 자신에게. 혁명적인 사랑은 우리 시대의 요청이다.

분노를 사랑의 능력을 지키는 데 사용하는 대신, '분노의 낚싯바늘'을 다시 물었을 때 내가 왜 그랬는지 용기 있게 자문한다면, 오직 하나의 정직한 대답이 있을 뿐이다. 낚싯바늘에 걸리면 도덕성과 에너지와 용기가 고갈되고, 혁명적인 사랑을 실천하는 도전을 회피하게 된다.

제리 콜로나의 일깨움과 밸러리 카우르의 격려에 힘입어, 나는 매일 두 부분에서 스스로를 점검한다.

첫째, '흰 것은 정상이다'라는 망상을 지닌 오늘의 나는 어디에 있는가?

둘째, 밸러리가 "우리의 내적인 삶, 관계 그리고 사회적 조건을 변형시킬 힘을 지니고 있다"고 말한 전사-성인의 사랑을 감히 실천할 용기가 내게 있는가?

고백으로 희망의 문을 열고 그곳을 통과할 때, 그다음 단계는 행동이다. 행동하는 혁명적 사랑이 어떤 모습인지 궁금하다면, 혁명적 사랑의 선언에 서명할 것을 권한다.[16] 그렇게 하면 그 운동과 자원에 연결된다. 밸러리 카우르의 테드 강연과 출판될 책, 교육과정, 콘퍼런스, 영화와 텔레비전에 담겼던 이야기, 여러 행동 계획, 그리고 다음 세대의 혁명적 비폭력의 구현에 필요한 훈련과 행동의 새로운 기회 등이 그것이다.

세계는 이 혁명을 필요로 한다. 미국에 그것이 필요하다. 유색인들에게 그것이 필요하다. 나 같은 백인들에게 그것이 필요하다. 사랑, 진리 그리고

정의라는 서로 얽힌 대의를 위해 살고자 한다면, 우리 모두에게는 그것이
필요하다.

# 비통함과 새로운 삶의 희망

한 제자가 랍비에게 질문한다. "토라는 왜 우리에게 '이 말씀을 네 마음 위에 두라'고 말하나요? 왜 이 거룩한 말씀을 우리 마음속에 두라고 말하지 않나요?" 랍비가 답한다. "우리가 현재 그러한 것처럼, 우리 마음이 닫혀 있기 때문에 거룩한 말씀을 우리 마음속에 둘 수 없는 것이다. 그러므로 우리는 그것을 우리 마음 꼭대기에 둔다. 그리고 말씀은 거기에 머물러 있다가 어느 날 마음이 부서지면 그 속으로 떨어진다."
– 하시디 이야기17

마음이 부서지는 것heartbreak, 이하 '비통함'으로 번역한다은 인간적이라고 불리는 영역과 함께 나타난다. 사랑과 신뢰가 우리를 저버릴 때, 한때 의미를 지녔던 것이 메말라버릴 때, 꿈이 손이 닿지 않는 곳에서 표류할 때, 치명적인 질병이 발병할 때, 또는 소중한 사람이 세상을 떠날 때, 우리는 비통함에 빠지고 괴로워한다.

이 고통과 함께 우리는 무엇을 할 수 있을까? 어떻게 고통을 끌어안을 것이며, 그것에 대해 무엇을 해낼 수 있을까? 어떻게 고통의 힘을 새로운 생명으로 바꿀 수 있을까? 이 질문에 답하는 방식은 매우 중요하다. 폭력은 고통에 대해 무엇을 해야 할지 알지 못할 때 발생하기 때문이다.

폭력은 신체적 위해에 국한되지 않는다. 우리 자신 또는 다른 이의 인간 자아의 존엄을 위배할 때마다 우리는 정말로 폭력을 저지른다. 때로 우리는 우리 영혼의 명예를 훼손하는 방식으로 고통을 완화시키려 한다. 소음, 광란, 일중독 그리고 단지 고통을 악화시킬 뿐인 약물 남용에 의지한다. 이따금은 다른 사람들에게 고통을 가하면 자신의 고통이 완화되기라도 하는 양 그들에게 폭력을 가한다. 이 광적인 전략은 인종차별, 성차별, 동성애 혐오, 그리고 가난한 이에 대한 경멸 같은 잔인한 결과를 낳는다.

국가들 역시 고통에 폭력으로 답한다. 2001년 9월 11일, 3000여 명의 미국인이 테러로 사망했다. 미국은 대응할 필요가 있었고, 그래서 전쟁 계획이 수립되었다. 우리가 공격한 국가가, 우리를 공격한 테러리스트들과 거의 또는 전혀 관련 없다는 사실을 고민하는 이는 드물었다. 우리는 고통을 겪었고, 누군가에게, 어딘가에 폭력을 가할 필요가 있었으며, 그래서 출정했는데 그로 인해 비극적인 대가를 치러야 했다. 미국의 침략으로 인한 이라크인 사상자는 50만 명에서 100만 명으로 추정된다.[18] 이라크에서 4500명의 미국인이 사망했고, 살아 돌아온 이들 가운데 수천 명 이상이 자살했을 정도로 많은 이가 심각한 신체적·정신적 상처를 입었다.[19] 고통에 대해 다른 무언가를 할 수 있는 도덕적 상상력이 부족할 때, 우리는 폭력을 가한다. 그러나 고통의 힘은 새로운 생명으로 돌릴 수 있으며, 이런 일은 매일같이 일어난다. 우리 모두는 인생에서 가장 중요한 사람을 잃은 이들을 알고 있다. 처음에 그들은 큰 슬픔으로 절망에 빠지며, 더 이상 살아갈 가치가 없다고 확신한다. 하지만 시간이 흐르면서 다양한 내면 작업을 통해, 이들은 마음이 더 커지고 자비로워졌음을 깨닫는다. 상실에도 불구하고, 아니 그 상실 때문에 타인의 슬픔과 기쁨을 받아들이는 능력이 더 커진 것이다.

고통은 우리 마음을 부서지게 하는데, 이는 전혀 다른 두 가지 방식으로 나타난다. 우선 마음이 우석거리면 조각조각 난 파편으로 부서지기 쉬운데, 폭발할 때 고통의 당사자를 산산이 부숴버린다. 그리고 고통의 표면적인 이유처럼 보이는 타인을 향해 수류탄처럼 던져지면서 그를 쓰러뜨리기도 한다.

반면 마음이 유연하면 산산이 조각난다기보다 부서져 열리기도 하는데, 이는 여러 형태의 사랑을 위한 더 큰 능력으로 성장할 수 있는 마음이다. 오직 유연한 마음만이 새로운 생명으로 열리는 고통을 품을 수 있다.

그러면 어떻게 마음을 더 유연하게 할 수 있을까? 내가 생각하는 답은

육상 선수가 부상을 피하기 위해 다리 근육을 스트레칭하듯이, 마음의 스트레칭 훈련을 하는 것이다. 규칙적인 훈련을 하면 마음이 유산탄처럼 조각조각 파편화될 가능성은 줄어들고, 부서져 광대함으로 열릴 가능성은 높아진다. 요즈음 나이가 들어가며 발생하는 상실은, 마음을 스트레칭할 기회를 더 많이 가져다주며 결국 그 핵심은 이렇게 요약된다. 받아들여라. 모든 것을 받아들여라.

마취제 없이 인생의 작은 죽음들을 받아들일 수 있을 때마다, 내 마음은 스트레칭된다. 틀어진 우정, 내 글에 대한 비연한 비평, 내게 중요했던 과제의 실패 같은 것들 말이다. 나는 또한 인생의 작은 즐거움을 받아들임으로써 마음을 훈련시킬 수 있다. 낯선 사람의 작은 친절, 유년기의 기억들을 불러오는 먼 기적 소리, 내가 두 살배기 아기 앞에서 두 손을 오므려 얼굴을 '숨긴' 다음 '갑자기 튀어나올' 때 아기가 터뜨리는 전염성 있는 깔깔 웃음소리. (좋은 일이든 나쁜 일이든) 이 모두를 수용하는 것은 마음의 꽉 쥔 주먹을 펼친 손으로 천천히 변화시키는 연습이다.

국민국가는 공공의 고통에 폭력 없이 대응할 만큼 충분히 유연한 마음을 소유할 수 있는가? 나는 의심스럽지만 확실히 알 수 없기 때문에 (또한 이 질문을 계속하지 않는다면 결코 알지 못할 것이기에) 냉소주의에 굴복하지 않을 것이다. 희망을 가져도 될 만큼 충분한 실제 세계의 사실과 가능성들이 존재한다.[20]

2011년 9월 11일 이후 몇 주 동안, 전 세계인이 어떻게 우리와 함께 결속해 일어섰는지 기억하라. 그들은 "오늘은 우리 역시 미국인이다"라고 말했다. 적어도 우리의 고통만큼이나 쓰라린 고통을 알고 있었기 때문이다. 9·11 이후 우리를 향해 전 지구에서 홍수처럼 쏟아진 연민을 우리가 받아들일 수 있었다고 가정해보자. 우리는 당시 많은 이가 제시한 전쟁 대안을 고려할 수 있는 은총을 부여받았을 것이다. 그 가운데 한 명으로 신학자이자 행동주의자인 고故 윌리엄 슬론 코핀이 있다. 그는 이렇게 말했다.

우리는 대응할 것이다. 하지만 동일한 방식으로는 하지 않는다. 우리는 무고한 미국인들의 죽음을 다른 곳의 무고한 희생자들을 죽이는 식으로 되갚지 않을 것이다. 그렇게 하면 우리 스스로 혐오하는 것이 되어버릴 테니까. 우리는 오직 더 많은 죽음, 파괴와 박탈을 불러올 뿐인 폭력의 순환을 거부한다. 우리가 할 일은 다른 나라들과의 연합이다. 우리는 지성을 공유하고, 자산을 동결하며, 국제적인 승인이 이뤄진다면 테러리스트들의 본국 송환에도 강력히 나설 것이다. 그러나 힘의 법이 아닌 오로지 법의 힘에 의해 정의가 이뤄지는 것을 보기 위해, 우리는 [우리의] 권력이 미치는 범위 내에서 무엇이든 할 것이다.[21]

코핀의 제언은 고통을 새로운 삶으로 전환하기 위한 것이었다. 슬프게도, 우리 미국인에게는 대규모 폭력이 아닌 다른 것으로 고통에 대응할 수 있는 도덕적 상상력과 마음의 능력이 부족했다. 그래서 오늘날 우리는 코핀이 예언했던 "더 많은 죽음, 파괴와 박탈" 속으로 빠져들고 있다. 두렵게도, 우리는 "우리가 혐오하는 것"을 향해 먼 거리를 여행해왔다.

고통에 대한 대안적 대응들은 우리의 개인적·정치적 삶이 미치는 범위 내에서 가능하다. 대안적 대응들을 이용할 것인가? 그것은 고통이 발생할 때 우리 마음이 새로운 삶으로 부서저 열리도록 개인적·집단적으로 마음을 훈련하는 우리 의지에 달려 있다.

우리는 개인적·정치적 삶 속에서 고통에 대해 다른 방식으로 반응할 수 있다. 고통을 이용할 것인가? 이는 우리에게 고통이 일어날 때 그것이 새로운 삶을 열어젖히도록 개인적으로, 집단적으로 마음을 운동시킬 의지가 있느냐에 달려 있다.

바로 그 때문에 메리 올리버는 가슴이 찢어지도록 아픈 시, 우리 마음을 운동시키는 작품을 선사한 것이다. 시의 제목은 우리의 수로를 오염시키고 야생동물을 죽이는 중금속을 가리킨다.

납

여기 당신을 가슴 아프게 할
이야기 하나가 있네.
들어보겠는가?
이번 겨울

아비새들이 우리 항구에 와서

알 수 없는 이유로

한 마리씩 죽어나갔지.

한 친구가 내게

해변에 있던 한 마리에 대해 말해주었어

고개를 쳐들고 우아한 부리를

열어 울부짖었다지.

생명의 달콤함을 길게 음미하면서 말이야

만일 당신이 그 소리를 들었다면

그 수리가 신성하다는 걸 알았을 거야

만일 당신이 그 소리를 듣지 못했다면

그들이 아직 노래하는 곳으로

서둘러 가보는 게 좋겠어

정말이라니까, 그곳이 어디인지만

남들에게 말하지 말아줘

다음 날 아침

반점 무늬에 무지갯빛 깃털을 가진 이 아비새는

집으로 어떤 숨겨진 호수로

날아가려고 했지만

해변에서 죽어 있었다네

내가 당신에게 이 이야기를 하는 것은

당신의 가슴을 부수기 위해서야

내가 바라는 것은 오직 하나

그 이야기로 인해 당신의 가슴이

모든 세상을 향해 부서져 열리고 다시 닫히지 않는 것

# 역설의 계절

## 가을

나뭇잎이 떨어진다
마치 저 머나먼 곳에서 떨어지듯이
머나먼 하늘에 있는 정원에서 그것들이 시들었을 때
거부하는 몸짓으로 떨어지고 있다

그리고 밤마다 무거운 대지가
많은 별로부터 고독 속으로 떨어진다

우리 모두는 떨어진다

여기 이 손도 떨어진다

그리고 다른 모든 것을 볼지니

모두가 떨어진다


그렇지만 어느 한 분이 계신다

이 떨어지는 것들을

한없이 부드럽게 두 손으로 받아주는 분이 계시다

– 라이너 마리아 릴케[22]


내 세계의 일부에서 가을은 박애와 아름다움의 계절이며 또한 꾸준한 쇠락의 계절이다. 한편 어떤 이들에게는 멜랑콜리로 서서히 빠져들어가는 시간이다. 날은 짧고 추워지며, 나무들은 그들의 영광스러웠던 잎새를 떨어뜨리고, 여름의 풍요로움은 겨울의 죽음을 향해 부식하기 시작한다.

나는 멜랑콜리 전문가다. 여러 해 동안 아름다움의 죽음을 지켜보면서 가을의 총천연색 쇼에 대한 기쁨은 재빨리 슬픔으로 변했다. 여름의 녹색 성장이 갈색으로 변하는 것에 초점을 맞추다 보니, 가을과 그것의 감각적 기쁨을 바라볼 때 생명을 부여하는 것들을 놓치고 죽음에 대한 예감에만 사로잡혀 있었다.

그 후 나는 한 가지 단순한 사실을 이해하기 시작했다. 저 바깥에서 벌어지는 모든 '추락'은 약속으로 가득 차 있다는 것이다. 대지가 또 하나의 녹색 반란을 준비할 때 씨앗들은 파종되고, 잎들은 퇴비가 되는 것이다.

오늘 인생의 늦가을을 견디면서 나는 자연이 믿을 만한 안내자임을 깨닫는다. 시간의 흐름에 따라 사라지는 모든 것을 응시하기란 쉬운 일이다. 관계의 해체, 잘한 일들의 소멸, 목적의식 및 의미의 쇠퇴…… 하지만 가을이 대지에 그렇게 하듯, 삶이 우리에게 '퇴비를 주며' '씨앗을 뿌린다'는 것을 이해하게 되었을 때, 나는 어떻게 가장 힘든 시기에도 우리 안에 가능성이 심어지는지를 알게 되었다.

되돌아보면, 내가 놓친 일이 어떻게 내 일을 찾도록 밀어붙였는지, '도로 폐쇄' 표지판이 훗날 내가 기쁘게 여행한 지형으로 어떻게 방향을 전환시켰는지, 회복할 수 없다고 느꼈던 상실이 어떻게 새로운 의미 원천을 찾도록 했는지 나는 알고 있다. 이 모든 경험은 마치 무언가가 죽어가고 있는 듯이 느껴졌고, 사실 그러했다. 그러나 저 깊은 곳 아래 모든 추락의 한가운데서는 새로운 삶의 씨앗들이 항상 고요히 그리고 넉넉하게 파종되고 있었다.

새로운 생명이 죽음 속에 숨겨져 있다는 희망적 관념은, 가을의 시각적 장관에 의해 확실하게 강화된다. 어떤 화가가 자연이 사용하는 선명하며 생생한 팔레트로 임종 장면을 그리겠는가? 죽음은 그것을 두려워하며 추하고 심지어 불쾌하게 여기는 우리에게는 보이지 않는 은총을 품고 있으리라. 알다시피 파괴적일 수 있는 죽음 그 자체가 어떤 아름다움의 희망을 지니고 있다는 자연의 증언을 어떻게 이해할 것인가?

이 질문에 대한 가장 근접한 답은 앞서 인용한 토머스 머튼의 말과 함께 시작된다. "보이는 모든 것 안에 (…) 숨겨진 전체성이 있다."[23]

가시적인 자연계에서, 위대한 진실은 평범한 광경 속에 감춰져 있다. 쇠락과 아름다움, 어둠과 빛, 죽음과 삶은 대립물이 아니다. 이들은 '숨겨진 전체성'의 역설 안에서 결합된다. 역설 안에서, 대립물들은 서로를 부인하지 않으며, 현실의 중심에서 신비한 통합을 이루고, 동거하며, 함께 창조한다. 그러나 더 깊이 들어가보면 이들은 건강을 위해 서로를 필요로 한다. 우리의 안녕이 들숨과 날숨에 달려 있듯이.

둘 다both-and의 복잡성보다 이것 아니면 저것either-or의 용이성을 선호하는 문화에서 사는 우리는 대립하는 것들을 붙들고 있느라 힘든 시기를 보내고 있다. 우리는 어둠 없는 빛, 가을과 겨울이 필요 없는 봄여름의 장관, 죽음의 고통이 없는 삶의 쾌락을 원한다. 원하는 것을 얻고자 파우스트의 거래를 하지만, 그것은 결코 우리에게 진실한 생기를 주지 못하고, 역경의 시기에 우리를 지탱시켜주지도 못할 것이다.

어둠을 너무 두려워한 나머지 밤낮으로 빛을 필요로 할 때, 우리는 오직 하나의 결과에 이를 뿐이다. 품위 없이 반짝이는 인공조명, 그리고 그 경계 너머 우리가 물리치려 할수록 언제나 더 무섭게 엄습하는 어둠이 그것이다. 어둠도 빛도 서로 분리된다면 인간의 삶터에 적합하지 않을 것이다. 하지만 우리가 어둠과 빛 모두에게 "좋아!"라고 말하며 그들의 역설적 무도에 동참하는 순간, 둘은 공모하여 우리를 건강하고 온전하게 만들어준다.

유기적 현실에 (어둠과 빛, 추락과 상승의 무한한 상호작용에) 자신을 내 맡길 때, 내게 주어진 삶은 현실감 있고 다채로워지며 풍요롭고 온전해진 다. 은총 가득하고 우아한 이 세계와 계절의 순환이 그렇게 만들어주는 것 이다. 여전히 나는 퇴락하는 아름다움을 애석해하지만, 가을은 내 안에, 우리 안에, 그리고 자연계 안에서 모든 것을 영원히 새롭게 하는 원초적인 힘을 찬양하도록 환기시킨다.

# 애팔래치아의 가을

아니다. 이 분지의 황갈색 풀밭 한가운데서
쉬고 있을 때, 나는 주위에 솟은
언덕만큼은 늙지 않았다
하지만 여기 나의 일흔셋 세월의
늦은 10월, 언덕들은 내게 동년배 친구처럼
느껴진다. 봄여름의 초록빛은 나무에서
사라진 지 오래. 진홍색, 불에 탄 듯한
암갈색과 호박색 잎들은
어두운 하늘을 배경으로 불타오르고,
이 오랜 고통의 풍경에서

곧 끝날 생명과 사랑의 또 한 번의 순환에

아름답게 저항한다

아득한 대지는 모든 것을 수용한다, 무심하게

그리고 동시에 연민으로. 이것이 내가 원하는

삶의 방식이며, 나의 실패와 잃어버린 기회들은

이 태양 아래서 용서받을 것이다

그것들의 구차함에서 해방되고,

새로운 삶으로 부활할 것이다

죽음을 향해 가는 여정에서

감사 그리고 찬양과 함께

마음이 빚어낸 후회도 없이

– 파커 파머

# 7장

# 가장자리를 넘어

죽으면 어디로 가는가

40대의 어느 무렵에 나는 영혼의 고전이라 불리는 성 베네딕트 수도 규칙서를 알게 되었다. 그것은 "수도원장[또는 수녀원장]의 지배하에 공동생활을 하는 수사들을 위해 누르시아의 베네딕트(480~550)가 저술한" 것이다.[1] 이 규칙서는 오늘날 세계적으로 활발히 활동하는 공동체인 베네딕트회의 기초가 되었다.[2]

베네딕트의 계율 가운데 하나는 수사들에게 "매일 죽음을 눈앞에 두라"고 주문한다.[3] 처음 이 구절을 읽었을 때 나는 실망스러웠다. 왜 죽을 수밖에 없는 운명을 숙고하기 위해 활기 넘치며 참여적인 삶을 외면해야 하는가? 그로부터 몇 년이 흘렀고, 나는 이 질문에 대해 적어도 두 가지 훌륭한 답변을 알고 있다.

하나는 베네딕트회 수사인 데이비드 스타인들라스트에게서 받았다.

돌이킬 수 없는 최종적 죽음은 우리로 하여금 한 가지 결정에 도전하도록 한다. 지금 여기에 완벽히 존재하고, 그럼으로써 영원한 삶을 시작하겠다는 결정이다. 올바르게 이해된 영원성은 시간의 영속이 아니라, 사라지지 않는 지금을 통한 시간의 극복이다.[4]

내가 데이비드의 '영생'을 수용할 수 있는 것은, "지금 여기서 완벽히 존재"하는 것의 보상을 이제는 이해하기 때문이다. 저 높은 천국에서 보상을 받기 위해 죽을 때까지 기다릴 필요는 없다. 바로 지금 여기에 존재하는 것에 주의를 기울여라, 그러면 즉각 보상받게 될 것이다. 사랑의 공동체는 우리 가운데 있다. 제대로 이해했을 때 죽음을 "매일 눈앞에" 둔다는 것은 자기 삶을 외면한다는 뜻이 아니다. 그것을 더 깊이 들여다본다는 뜻이다.

매일 죽음을 눈앞에 두어야 하는 두 번째 이유 역시 내 경험에 뿌리를 두고 있다. 삶이란 내가 획득한 것도 아니고, 영원히 누릴 수도 없는 순수한 선물임을 기억하는 일은 (역경의 시기에조차) 삶을 더없이 감사히 여기게 해준다. 그것이 내 손 안에 있을 때가 바로 선물을 나눌 시간임을 알면, '베풂'에 더없이 강한 동기가 부여된다.

이 장의 부제는 '우리는 죽어서 어디로 가는가'다. 그럴듯한 문구를 내세웠지만 알맹이가 부족한 것을 용서해달라. 이 주제에 관한 내 정보는 매우 제한적이다. 누군가는 결정적 진술을 내놓았을지 모르겠지만, 나는 아직 접하지 못했다. 그래서 한 편의 시와 두 편의 에세이만 여기에 싣는다.

첫 번째 에세이 「현실에 치열하게」는 죽음에 대비하기 위해 우리가 해야 할 가장 중요한 일은 생명이 있는 동안 되도록 자주 우리의 진정한 자아를 드러내는 것이라는 신념에서 쓰였다. 데이비드의 말처럼, 이 순간 온전하게 존재하는 일, 그리고 우리가 가진 모든 것과 함께 존재하는 일, 우리의 빛과 그림자를 모두 아는 일은 필수적이다.

「황무지 순례」는 아내와 미네소타 북부, 바운더리워터스를 방문했던 경험에 대한 글이다. 그 지역은 켈트족 기독교인들의 묘사를 빌리자면 나의 "얇은 장소thin places, 세속과 영원 간의 경계가 서로 스며드는 곳" 중 하나다. '이 세상과 저세상 사이에 드리운 베일'이 좀더 투명해서 그 너머에 존재하는 모든 것을 알아차릴 수 있는 곳이다. 우리가 죽어서 어디로 가는지는 정확히 알 수 없지만, 내게는 (신의 나라로 알려진) 바운더리워터스가 내 여행의 최종 목적지라는 생각이 들었다.

「머나먼 곳에서 작별 인사를 하다」는 1년간 네 명의 오랜 친구를 죽음으로 떠나보내며 특별한 아픔을 느꼈던 날 쓴 시다. 나는 그들 중 누구의 임종도 지킬 수 없어 애통해했다. 하지만 시에서 밝혔듯, 나는 내 부재가 친구들의 여정을 가볍게 해주었음을, 또 그것을 내가 줄 수 있는 마지막 선물이라고 여길 수도 있음을 이해하게 되었다.

# 현실에 치열하게

이 책의 처음 어딘가에서 심리학자 플로리다 스콧맥스웰의 말을 인용했다. 책을 마무리하며 다시 그녀의 말을 인용하고 싶다. "자신을 스스로의 것으로 만들려면, 삶의 여러 사건을 자기 것으로 만들기만 하면 된다. 자신이 어떤 존재였고 무엇을 했는지를 진정으로 소유하면 (…) 현실을 치열하게 대하게 된다."5

이 글을 썼을 때 스콧맥스웰은 여든다섯 살이었다. 처음으로 이 글을 읽었을 때 나는 그녀 나이의 절반에 불과했지만, 그녀가 내게 직접 말을 건네고 있음을 알았다. 마흔세 살이던 나는 매일 남편과 아버지로서 성공과 실패를 되풀이하고 있었고, 커뮤니티 조직가로서 인종차별과 싸웠지만, 그 사악함으로부터 나를 보호해준 백인의 특권이라는 요새는 의식하지 못하고 있었다. 또한 작가가 되는 길을 거듭 거부당하면서 쓰러졌다가 힘을 내기도 하고, 첫 번째 우울증의 급습으로 거의 익사했다가 수면 위로 떠오르기도 했다.

즉 나는 적당히 보통 사람이었으며, 온전해지기를 갈망하는 갈등투성이의 복잡한 영혼이었다. 나는 세상에 도움을 주면서도 개인적 성취를 이루는 삶을 원했으며(나와 타자를 위한 사랑의 삶) 그곳에 도달하기 위해서는 '현실에 치열'해야 함을 알았다. 그러나 나는 스콧 맥스웰이 권장하는 것보다 더 쉬운 길을 간절히 원했다. 마흔세 살의 나는 "자신이 어떤 존재였고 무엇을 했는지를 진정으로 소유"하기 위해 필요한 용기를 갖지 못했다.

오늘, 여든 살에 다가서며 나는 온전함에 이르는 지름길이란 없음을 안다. 유일한 길은 우리가 우리 자신의 모습이라고 알고 있는 모든 것을 애정 어린 팔로 감싸 안는 것이다. 이기적이되 관대한, 악의적이되 동정적인, 비겁하되 용감한, 기만적이되 신뢰할 수 있는 모습들 말이다. "나는 그 모두다"라고, 우리는 우리 자신과 이 세상에 말할 수 있어야 한다. 현재 모습 전체를 받아들일 수 없다면 (그때그때 변형 가능한 사랑으로 그것을 끌어안을 수 없다면) 우리는 우리 자신의 그림자 안에 숨어 있는 창조적 에너지를 가두게 되며, 세상에 깃든 빛과 그림자의 복잡한 혼합물에 창조적으로 관여할 수 없을 것이다.

물론 우리 모습 전체를 명명하고 주장하며 사랑하기란 말이 쉽지 실천하기는 어렵다. 정직한 자기반성은 인간적 고통의 잘 알려진 원천이다. 그러나 그 대안은 더욱 고통스럽다. 심리학자 에릭 에릭슨은 성인 발달 도식에서, 우리가 자신의 모든 존재와 행동을 수용할 수 없다면, '진실성'에서 벗어나 '절망'을 향해 나이 들어갈 것이라고 주장한다.6

나의 동년배 친구들을 돌아보면, 후자에 속한 이들, 그리고 그 슬픈 결과들이 쉽사리 눈에 띈다. 어떤 결과들은 개인적인데, 자신의 내적 어둠을 부인하는 사람들이 가는 곳마다 그것을 가지고 다니면서 퍼뜨릴 때 그렇다. 또한 어떤 결과들은 정치적인데, 본질상 이질적으로 느껴지는 모든 것을 두려워하는 사람들이 '낯선 타자'에게 그들의 두려움을 투사할 때 그렇다. 파렴치한 정치인들은 그 두려움을 냉소적으로 조작하면서, 대상을 분열시켜 정복하는 위험한 게임을 벌인다.

하지만 진지하고 정직한 자기 성찰을 통해 연민으로 자신을 수용하는 은총을 향해 기꺼이 나아가고자 할 때, 우리에게는 커다란 보상이 주어진다. 우리가 "나는 나의 빛뿐만 아니라 나의 그림자, 위에서 나열한 모든 것이다"라고 말할 수 있을 때, 우리는 우리 자신의 모습으로 더욱 편안해지며, 다양성으로 풍요로운 지구상에서 더욱 안락해진다. 그리고 우리만큼이나 부서진 전체인 타자들을 더욱 받아들이면서, 마지막 날까지 생명을 주는 사람으로서 더 나은 삶을 살 수 있다.

현재 자기 모습 전체를 사랑으로 받아들이는 법(노년까지 기다릴 필요도 없고 기다려서도 안 되는 과제)을 어떻게 배울 수 있을까? 물론 명상, 일기 쓰기, 심리치료 같은 보조물을 신뢰할 수 있으며, 내겐 모두 도움이 된다. 그 외에도 종종 큰 도움을 주는 것들이 있는데, 그중 세 가지만 들면 아래와 같다.

첫째, 젊은 세대와 접촉하라. 그들에게 조언을 하는 것이 아니라, 그들로 부터 배우며, 에너지를 얻고, 그들이 자신의 길을 갈 수 있도록 지원하라. 에릭 에릭슨은 이런 종류의 접촉을 '생산성'이라 불렀으며, 이는 노년이 '침체'에 빠져 절망에 이르지 않도록 하는 대안이다.

둘째, 당신이 두려워하는 모든 것을 회피하지 말고, 그것을 향해 움직여라. 나는 아웃워드 바운드야외에서의 도전적 모험을 통해 청소년에게 사회성·리더십·강인한 정신력을 가르치는 국제기구 프로그램에 참가했을 당시 30미터 래펠의 중간 지점 암벽에서 공포로 얼어붙었을 때 들은 조언을 종종 떠올린다. "벗어날 수 없다면, 뛰어들라!" 예를 들어 '타자'가 두렵다면, 정면으로 마주보며 그/그녀의 이야기 안으로 들어가라, 그리고 당신의 공감이 확장될 때 두려움이 줄어드는 것을 지켜보라.

셋째, 가능한 한 많은 시간을 자연에서 보내라. 자연은 내게 모든 것에는 저마다의 자리가 있으며 어떤 것도 배제될 필요가 없음을 끊임없이 일깨워준다. '뒤엉킨' 숲 바닥에는 (뒤엉킨 내 인생에서처럼) 놀라운 진실성과 조화가 깃들어 있다.

다시 한번 감정을 넣어, 주문을 외쳐본다. 온전함은 목적이다, 하지만 온전함은 완전함을 의미하지 않는다. 그것은 삶의 필수 요소로서 부서짐의 수용을 의미한다. 이를 빨리 이해할수록 좋다. 이는 우리를 해방시켜 잘 살고, 사랑을 잘하며, 궁극적으로 잘 죽을 수 있도록 해주는 진리다.

한 번도 있는 모습 그대로 살아본 적이 없었음을 깨달으며 죽는 것보다 더 슬픈 일이 있을까. 진정한 자아로, 자신이 아는 한 최선의 방식으로 여기에 존재했으며, 현실에 치열했기 때문에 자유롭게, 그리고 사랑으로 삶을 영위했음을 깨달으며 죽는 것보다 더 은혜로운 일이 있을까.

# 황무지 순례

## 그들의 느린 길

이 숲들이 그들의 느린 길을
당신과 함께 가도록 하라
모든 얼어붙은 계절 내내
자신의 푸르름을 지키느라
인내하는 소나무들, 시간의 흐름에
무심하게 살아가는 이끼 덮인
바위들―이들이
당신이 어떻게 땅으로 되돌아갈지

가르쳐줄 것이다

숲 바닥의 프랙털 카오스, 그것의 하얀
아네모네들, 뾰족한
풀과 죽은 잎들,
땅에 떨어져—놀이용 얇은 막대기들처럼
흩어져 있는 줄기와 가지들
제멋대로 자유롭게 살면서
새로운 성장의 뿌리들에게
영양분을 주는 방법을
이들이 당신에게 가르쳐줄 것이다
– 파커 파머


지난 20년간 8월이면 아내와 나는 캐나다 국경과 접한 4000제곱킬로미터 규모의 연방 야생 보호구역, 미네소타 북부의 바운더리워터스를 방문했다. 나는 오래전에 이곳을 알게 되었고, 한 친구는 내게 묘사했다. "눈에 보이는 모든 곳에 완벽한 일본 정원이 있어." 정말 그렇다. 암석과 나무, 호수와 하늘이 우아함의 무한한 순환 속에 존재한다.

티 없이 청명한 8월의 저녁에 나는 그곳 호수에 여러 차례 머물렀다. 한낮의 무겁고 습한 열기는 시원한 미풍으로 바뀌어 호수를 휘젓듯이 내 정신과 마음을 휘저었다. 낮게 뜬 태양은 달콤하게 숲을 뒤덮는다. 소나무, 사시나무, 잡목, 관목, 그리고 빽빽하게 난 풀은 E. E. 커밍스가 "하늘의 짙은 남빛 꿈"이라고 부른 것을 배경 삼아 호박색과 초록색으로 빛난다.7

오십대 후반에 나는 처음으로 이 천국의 땅에서 시간을 보냈다. 그 단순함, 아름다움과 평화에 매료되어 지난 20년간 여름마다 이곳을 다녀갔다. 처음에는 오롯이 휴가일 뿐이었다. 하지만 나는 곧 바운더리워터스 연례 트레킹이 성지이자 치유의 장소로의 순례임을 깨달았다.

한 해 동안 일을 하며 어려운 상황에 맞닥뜨리면 나는 상상 속에서 이곳을 순례한다. 눈을 감고 내 모습을 바라본다. 햇빛이 스며 비치는 숲을 지나 하이킹을 하고, 바람이 흐르는 호수를 조용히 걸으면서, 아비새의 잊을 수 없는 지저귐을 듣고, 북극광의 우주 드라마를 보거나, 차갑고 맑은 물이 호숫가에 부드럽게 출렁거릴 때, 두 오랜 친구(호수와 대지)의 조용한 대화를 엿듣는다.

이 황무지가 내게 치유의 장소인 이유는 단지 고요함 때문만은 아니다. 참을성 있고 임기응변에 능하며 탄력적으로 스스로를 치유하는 자연의 방식 때문이다. 그것은 내가 상처받은 치유자로 존재할 수 있게, 스스로 상처를 치유하는 데 무엇이 필요한지를 일깨워준다. 나는 황무지가 황폐함을 극복하는 것을 바라보면서, 고통이 재생의 온상이 될 수 있음을 깨달았다. 나아가 생사의 위대한 순환에서는 늘 새로운 생명이 최종 발언권을 갖는다는 것을 확신하게 되었다.

1999년 7월 4일, 맹렬하게 움직이며 내륙의 허리케인을 일으키는 폭풍이 바운더리워터스를 덮쳤다.[8] 그로 인해 수백만 그루의 나무가 쓰러졌고, 수많은 불쏘시개가 생겨나 이후 수년간 훨씬 더 넓은 숲이 파괴되었다. 그로부터 한 달이 지나 연례 피정을 위해 그곳을 찾았을 때, 엄청나게 파괴된 광경에 마음이 아팠다. 내가 그곳에 머물 수 있을지도 불확실했고, 다음 해에 다시 오고 싶은 마음도 희미해졌다. 그러나 무언가가 나를 붙잡아 계속 그곳을 찾게 했고, 그러면서 부활의 과정을 목격할 수 있었다.

숲이 파괴되기 전에 내가 가장 좋아한 하이킹 중 하나는 울창하게 우거진 원시림의 한 구역을 관통하는 것이었다. 이 외딴 숲이 폭풍, 그리고 뒤이어 일어난 화재로 심한 타격을 받았다는 것을 안 후로, 이 오솔길에 다시 들어설 수 있으리라고 생각하기까지는 여러 해가 걸렸다. 다시 숲에 들어섰을 때, 나는 죽음이 빚어낸 공허가 어떻게 새로운 생명으로 채워지는지를 알게 되었다.

오랫동안 그늘로 덮였던 대지에 햇빛이 쏟아지면서, 산딸기와 블루베리, 루핀과 자주색 과꽃이 소담하게 싹을 틔웠다. 묘목이던 사시나무들은 배고픈 십대의 속도로 자라났고, 폭풍 이후 18년이 흐른 지금 대부분이 내 키의 두 배가 넘게 자랐다. 오솔길을 따라 늘어선 거대한 바위들은 맹렬히 불타는 숲의 가마에서 구워져, 붉은색, 갈색, 파란색, 금색으로 금속처럼 반짝이는 게 마치 라쿠raku 도자기 같다.

여러 해 동안 나는 고대로부터 전해 내려오는 질문을 스스로에게 던졌다. "그렇다면 우리는 어떻게 살아야 하는가?" 나는 종종 세계의 위대한 지혜의 전통이 자리한 유서 깊은 길에서 훌륭한 길잡이를 발견했다. 하지만 일흔아홉 살에 "그렇다면 우리는 어떻게 죽어야 하는가"라는 질문을 던진다면, 바운더리워터스를 지나 내가 트레킹한 길들만큼 도움이 되는 것은 없다. 그곳에서 나는 경계, '모든 것의 가장자리'까지 거듭 인도되고, 천국으로 열린 창을 만난다.

외부인의 출입이 제한된 하늘 위의 공동체로서 천국을 묘사하는 신학은 내 마음을 움직이지 못한다. 무엇보다, 내가 속한 종족 구성원끼리 배타적으로 영위하는 영원한 삶은 천국이라기보다 지옥으로 느껴진다. 또한 우리가 죽을 때, 영혼이 물질에서 분리되어 육체에서 떨어져 나와 일종의 유령 같은 생명을 얻는다는 주장은 내게 설득력을 지니지 못한다. 내가 볼 때 물질과 영혼은 서로 얽혀 불가분의 관계에 있고, 동전의 양면을 이루는 하나이기에 구분할 필요가 없다. 육체와 대지에 영혼이 스며 있지 않다면, 우리를 비롯한 자연이 어떻게 그처럼 아름다움과 치유, 그리고 은총으로 가득 찰 수 있겠는가?

나는 내가 모르는 게 얼마나 많은지를 오래전에 알았다. 그러므로 죽음이 나를 놀라게 할지라도 충격받지 않을 것이다. 그러나 이 모든 무지 속에서도, 나는 두 가지를 확신한다. 우리가 죽을 때, 우리 육체는 대지로 되돌아가며, 대지는 죽음을 새로운 생명으로 바꾸는 방법을 알고 있다. 나의 작은 생명이 바람과 불의 형태로 끝을 맞이할 때, 내 육체는 계속해서 모든 것을 새롭게 하는 바로 그 연금술에 의해 변형될 것이며, 이 황무지를 목격할 것이다. 중세의 연금술사들이 꿈꿨던 것처럼, 쇠 찌꺼기는 황금으로 변할 것이다.

호숫가 아비새의 지저귐 속에서, 햇빛 유약을 칠한 소나무와 숲 바닥의 야생화 속에서, 이 나무와 꽃들을 비옥하게 하는 물질 혹은 이들 너머에 있는 북극광과 별들 속에서 내가 부활할지 여부는 중요하지 않다. 이는 모두 훌륭하며 모두 귀하고, 신체와 영혼을 한데 품은 거대한 생명의 망이다.

인생과 결별하는 일이 즐겁지만은 않을 것이다. 나의 성장을 도와주는 도전들, 무상으로 주어진 선물들, 또는 내가 사랑하는 모든 사람과 사물에 작별을 고하는 일도. 하지만 다른 사람들이 새로운 삶을 시작하는 데 작은 몫이라도 보탤 수 있다면 나는 기쁠 것이다. 그러한 전망은 삶을 죽을 만한 가치가 있는 것으로 만들어준다.

바운더리워터스라 불리는 성지를 20년간 순례하면서, 노리치의 줄리안이 옳았다는 확신을 갖게 되었다. "다 잘될 것이다, 그리고 다 잘될 것이다, 모든 사물의 존재 방식 또한 다 잘될 것이다."[9]

# 머나먼 곳에서 작별 인사를 하다

(앤지, 이언, 빈센트, 그리고 존을 위하여)


그들의 이름은 하나씩

최근 몇 주 동안 증발되었다

마지막 숨과 함께 공중으로 사라졌다: 앤지, 이언, 빈센트, 존


나는 그들과 함께 이야기했고, 웃고 일했으며,

우리는 서로 좋아했다. 이제 그들은 사라졌다

아니, 그들은 살아 있지 않다 — 세상을 보라

그들의 부재 속에서 계속 돌아가는 세상

빠르게 희미해지는 이름의

명성에 의존하는 도처의 찬사

모든 것의 가장자리에서

나는 그렇게 되리라고 생각했다

나는 내가 죽을 때 나를 사랑한

이들 몇몇 사람이 내 곁에 앉아 있어준다면

좋을 것이라고. 이제, 친구들이 갑작스레 떠나간 걸 경험하고 나니

내가 할 수 있는 것이라곤


그들이 나를 볼 수 없다는 것을 알면서

멀리서 작별 인사를 하는 것뿐이라는 것이 기쁘다

어떠한 관심도 보이지 않으면서

그들에게 마지막으로 보이지 않는 인사를 하는 것


우리 모두가 홀로 걸어가야 하는 여정을 방해하지 않는 것이

옳은 것이라고 느낀다

그 여정은 내가 뉴멕시코의 산맥에서 여러 차례 경험했던

숨 가쁜 등반임이 틀림없다


그곳에서 가장 원치 않았던 것은

단지 말을 건네야 하는 누군가가 옆에 있는 것이었다

내가 할 수 있는 것이라고는 산을 오르고, 숨을 쉬고, 멈춰 서서

풍경에 경이로워하며 정상에 무엇이 있는지 궁금해하는 게 전부였기 때문에

– 파커 파머

# 왜 나는 언제나 슬퍼해야 하는가

왜 나는 언제나 슬퍼해야 하는가
산바람의 리듬에 맞춰 팔을 흔들고
머릿결을 휘날리며 엉덩이를 씰룩거리는
호리호리한 소녀들처럼 가느다란
이 오솔길을 따라 사시나무들은 언제나
이곳에서 춤을 추는데 사시나무 위의,
짙푸른 하늘, 푸르른 꿈은 도시들이
시야에서 사라질 때만 보인다
그 아래서는 잎사귀들과 떨어져
썩은 가지들이 엉긴 덤불로 덮인

암석 비탈이 사랑의 침대를 깔아

무성한 초록 한가운데 인디언붓꽃과

화이트바이올렛이 자라난다.

굴러떨어진 모든 바위와 암석은

자신의 완벽한 안식각평면상의 물체가 미끄러 떨어지지 않는 최대 정지각靜止角을 발견했다

그러니 왜 나는 언제나 슬퍼해야 하는가?

이 모두가 마침내 내가 비틀거리고

쓰러지기를 기다린다 빙글빙글 도는

이 춤을 나도 함께 추기를 기다린다

노래하며 몸을 흔드는 얼룩덜룩한 세상의

고요한 음악에 맞춰 추는 춤을

- 파커 파머

# 두 번의 건배•

말들, 그리고 그들이 우리 사이에서 살아가는 방식을 위하여

하느님께 찬양하라
이 가냘픈 표식, 이 소리가
육신으로서의 말씀을 빚어낼 수 있음을
어떤 육신도 이를 수 없는 곳에 들어가
서로의 공허함을 채워주는 것을

우리, 그리고 우리가 말들 사이에서 살아가는 방식을 위하여

---

• 노래 「두 번의 건배」(캐리 뉴커머 작곡, 파커 파머 작사)는 Newcomer Palmer/home에서 무료로 내려받을 수 있다.

그리고 말들의 소리 사이에서

나는 당신의 고요하고도 낭랑한 영혼의 울림을 듣는다

거기에 그분께서 고독 속에 거하시며

말들이 오갈 때 우리를 하나가 되게 해준다

– 파커 파머

우리는 삶을 영위해온 것과 똑같은 방식으로 나이 들고 죽는다. 바로 그런 이유로, 이 책은 우아하게 나이 들어가는 것에 관한 책이 아니다. 내 삶은 영예로웠지만, 우아하지는 않았음이 확실하다. 나는 감당할 수 있는 몫 이 상으로 넘어지고 일어서고 다시 넘어지기를 반복했다. 넘어진 것은 실수와 중력 때문이었다. 다시 일어선 것은 은총 덕분이었는데, 그것을 매개해준 사람들에게 신세를 졌다.

내 절친한 벗이자 오랜 편집자인 풀러턴과는 1997년부터 출판 파트너 로 지내왔다. 그녀가 내게 준 신뢰, 편집자로서의 안목, 그리고 오랫동안 글을 쓰지 못할 때 이를 뚫고 나가도록 인내심을 갖고 도움을 준 것에 대 해 나는 영원히 고마움을 느낀다. 그녀가 없었다면, 이 책은 존재할 수 없었으리라.

아내 샤론 파머는 내가 쓴 모든 글을 가장 처음 접하고, 예술가의 눈으로 읽어준다. 원고를 어떻게 편집하는지 물어보면 그녀는 이렇게 말한다. "세 가지 질문을 해요. 말할 만한 가치가 있는가? 명료한가? 아름다운가?" 나는 아내에게 단 하나만 묻는다. "무엇이든 당신의 심사를 통과하려면, 어떻게 해야 하지요?" 샤론에게 엄청난 고마움을 느낀다. 그녀의 편집 기술, 내가 작가로서 무엇을 하려는지에 대한 직관적 이해, 자연에 대한 사랑을 공유함으로써 내 삶과 글쓰기를 풍요롭게 해준 것, 그리고 우리가 함께 나이 들어간다는 사실에 감사할 따름이다.

타고난 싱어송라이터이자 시인, 에세이스트인 캐리 뉴커머는 내 소중한 친구이자 대화 상대로, 나는 그녀의 감수성을 높이 평가한다. 이 책에서 탐구되는 주제들에 관해 10여 년간 대화를 나누면서, 캐리는 나와 독자들에게 넉넉한 선물을 주었다. 그 주제들 가운데 세 가지를 가지고 노래를 지었는데, NewcomerPalmer.com/home에서 무료로 내려받을 수 있다. 캐리의 음악은 인쇄된 페이지를 넘어, 오직 훌륭한 음악만이 도달할 수 있는 영역으로 이 책의 메시지를 데려간다.

코트니 마틴의 영향은 이 책 전반에 걸쳐 스며들어 있다. 나는 10년 전 그녀가 이십대였을 때 처음 만나 곧바로 친구이자 동료가 되었다. 그녀가 2010년 출간한 책 『어쨌든 하라Do It Anyway: The New Generation of Activists』를 리뷰하면서 나는 그녀를 "가장 통찰력 깊은 문화비평가 중 한 사람이

자, 가장 뛰어난 젊은 작가 중 한 명"이라고 했는데, 그 말에 예지력이 있었음이 입증되었다. 나는 코트니에게 여러모로 깊이 감사하는데, 이 책의 제목과 책을 쓰게 이끌어준 몇 가지 영감이 거기에 포함된다.

마시 잭슨, 릭 잭슨과는 지난 30년간 소중한 친구이자 최고의 동료로 지내왔다. 1990년대에 우리는 용기와 회복 센터를 위한 재단을 마련했는데, 그 일은 이제 전 세계적으로 이뤄지고 있다. 우리가 함께한 여정, 그리고 가치 있는 일에 함께할 수 있었던 것이 내게 얼마나 축복이었는지를 표현할 적절한 말이 없다.

마시와 나는 지난 20년 동안 CCR의 피정을 헤아릴 수 없이 여러 번 함께 진행했고, 젊은 리더와 활동가들을 위한 프로그램을 함께 창안함으로써 우리 삶은 풍요로워졌고 수많은 젊은이에게 큰 도움을 줄 수 있었다. 그 과정에서 이 책의 수많은 주제에 대해 오랫동안 대화를 나누었다. 그녀의 깊이 경청하는 자세, 정직하고 열린 질문, 그리고 모든 사람과 모든 일에 들이는 정성과 창의성에 커다란 고마움을 느낀다.

릭 잭슨은 내가 아는 한, 가장 인정 넘치고 너그러우며 사회의식이 분명한 사람 가운데 한 명이다. 그 역시 내 원고를 세심하게 읽고 글을 좀더 예리하게 다듬는 데 도움이 되는 의견을 준 CCR의 편지 친구 가운데 한 명이다. 또 다른 친구들로 캐릴 캐스번, 캣 그린스트리트, 다이앤 롤린스, 주디 스킨 등이 있는데, 모두 내가 친구이자 동료라고 부르는 데 자부심을 느끼는 사람들이다. 나는 그들의 격려 어린 지지뿐만 아니라 날카로운 관찰과 질문도 높게 평가한다.

수양딸 크리스틴 크레이븐은 내가 함께 일한 그 누구보다도 날카롭게 원고를 교정해준다. 이 책에 마음을 쏟아준 데, 또 섬세하게 원고를 검토해준 데 감사한다.

이 책을 엮기 위해 다시 쓴 글들 가운데 상당수가 공중파 라디오 프로그램 「온 빙」의 제작사인 온빙스튜디오의 웹사이트에서 처음 선을 보였다. 트렌트 길리스와 내 소중한 친구 크리스타 티페트가 나를 주간 칼럼니스트로 초대해준 덕분에 여러 작가 및 독자와 최고의 온라인 대화를 나눌 수 있었다. 발군의 편집 기술로 내가 좀더 나은 작가가 되는 데 도움을 준 온빙의 선임 에디터 마리아 헬게슨에게 특별히 감사한다.

이 책은 베릿콜러 출판사에서 처음으로 출간하는 저서다. 함께 일한 분들 덕분에 아주 멋진 여정을 즐길 수 있었다. 마리아 지저스 아길로, 마이클 크롤리, 맷 패걸리, 크리스틴 프란츠, 수전 제러티, 셰리 길버트, 폴라 골드스타인, 미셸 존스, 닐 메일렛, 데이비드 마셜, 리즈 매켈러, 코트니 쇼언펠드, 지번 시바서브라매니엄, 메이요와 토모리, 조핸나 본델링, 래셀 위플에게 마음 깊이 고마움을 느낀다. 또한 출간이 이뤄지도록 뒤에서 묵묵하게 일해준 출판사의 여러 직원에게도 감사드린다. 책 한 권이 나오려면, 마을 하나가 있어야 한다!

끝으로, 나이듦에 대한 개인적인 지식에 있어 나를 능가하는 세 명의 친구에게 감사를 드린다. 더 나이가 든다면, 닮고 싶은 사람들이다.

조이스와 딕 맥파랜드는 중요한 사회적 이슈에 관여하고, 호기심과 질문이 가득하며, 젊은이들에 대해 열정적이다. 또한 모든 면에서 너그럽고 늘 웃음과 빛이 흘러넘친다. 그들은 이 책에서 내가 쓰는 가장 중요한 자질들을 몸으로 구현하고 있다.

로이스 보이어는 내가 본 사람 중에 가장 우아하게 모든 것의 가장자리에 서 있는 노인이다. 2017년 10월 그의 100번째 생일 파티에 참석한 건 내게 큰 기쁨이었다. 슬프게도 이 책이 출간되기 전에 그녀는 세상을 떠났지만, 이 이야기가 책에 실릴 것을 알고 즐거워했다. 생일 파티에서 로이스가 근황을 물었을 때, 나는 이 책에 대해 언급했다. 그랬더니 그녀는 이런 말을 했다. "파커, 당신은 나이듦에 대한 책을 쓰기엔 아직 어려요!"

그래서 이 책을 쓸 만한 자격이 없음을 의식하면서 겸손하게 내놓는다. 가족, 친구와 동료를 생각하면 나는 엄청난 행운아다. 지난 80년간 이들보다 더 훌륭한 여정의 동반자들은 만나보지 못했다.

지금 한국은 소산다사少産多死, 출생은 줄어들고 사망은 늘어나는 것의 시대로 접어들고 있다. 저출산이 점점 심각해져서 어느덧 연간 30만 명대로 떨어졌는데, 한때 100만 명 이상이 출생하던 때와 비교하면 3분의 1 이하로 줄어든 셈이다. 다른 한편, 사망자는 지난 30년 동안 25만 명 정도 수준으로 유지되어오다가 2018년에 30만 명을 돌파한 이후 빠르게 증가할 것으로 전망된다. 지난 30년 동안의 사망 인구에 비해 향후 30년 동안의 사망 인구가 두 배가 될 것이라고 한다. 그에 따라 돌봄 시스템의 공공화, 화장장 등 장례 관련 시설의 확충, 그리고 갈수록 심각해지는 노인 빈곤의 해결이 시급한 상황이다.

하드웨어 및 사회 경제적인 차원 못지않게 중요한 것은 개개인이 생애를 마무리하는 방식이다. 죽음에 이르는 길은 언제나 외롭고 두려운 것이지만, 지금 우리 사회에서는 그 여정이 더욱 황량하게 체감되는 듯하다. 수명은 길어지는데 노년의 삶은 점점 열악해진다. 노인이 늘어나는데 고령자의 권위는 퇴락한다. 자신이 쓸모없는 존재라고 느껴지기 쉽고, 걷잡을 수 없는 허무와 우울감에 사로잡히기 일쑤다. '여생'이라고 하기엔 너무 길어진 노후를 어떻게 꾸려갈 것인가. 경제적인 여유만으로는 보장되지 않는 인생의 풍요로움을 무엇으로 누릴 수 있을까.

이 책의 저자 파커 파머는 나이 들어가는 경험을 차분하게 성찰하면서, 거기서 펼쳐지는 마음의 풍경을 여러 각도에서 조망하고 있다. 그는 죽음을 향해 가는 과정을 단순한 소멸로 여기지 않는다. 육신은 쇠약해지고 사회적으로도 주변부로 밀려나지만, 오히려 그러한 처지에서 자아와 세상을 새롭게 바라볼 수 있다고 한다. 가장자리brink는 중심에서 밀려난 소외 지대로 생각되지만, 그 끝자락에 서면 더 큰 세계로 시야가 확장될 수도 있다는 것이다. 생명의 한계에 가까이 다가가면서, 지금까지 살아온 시간과 바로 이 순간의 은총을 새삼 깨닫고 만물에 깃든 경이로움에 눈을 뜬다고 할까.

그런데 이것은 엄청난 수양을 통해 덕망과 지혜를 쌓아 도달하는 고매한 경지가 아니다. 파머가 회고하는 생애사는 시행착오와 방황 그리고 좌절로 점철되어 있다. 세 번의 깊은 우울증으로 극에 달했던 혼미의 시간도 있었다. 하지만 그 고통과 어둠은 제거해야 할 장애물이 아니다. 빛과 함께 그림자를 끌어안음으로써 우리 삶이 온전해진다고 그는 고백한다. 험난한 일들을 겪으면서 마음이 부서질 때, 산산조각으로 흩어지는 것이 아니라 갈라져 영혼이 새로운 존재로 열릴 수 있다고 증언한다. 그러한 역설을 받아들일 때 나이듦은 영혼의 진실을 만나는 선물로 다가온다는 것이다.

그러나 파머는 영혼이라는 것을 개인적인 평안이나 초월적인 거룩함에 가두지 않는다. 그가 말하는 영성은 환상을 뚫고 삶과 사물의 본질을 포착하는 직관이다. 투명한 리얼리티에 이르고 생명을 북돋아주는 힘이다. 따라서 사회적인 비판의식과 정치적인 지평에 접맥되지 않을 수 없다. 이 책에서 그는 트럼프를 대통령으로 선출한 미국 사회의 실상을 분석하고, 사회 구성의 다양성을 배격하는 백인우월주의와 빗나간 국가주의를 고발한다. 그리고 군사 행동에서 일상의 미시 영역에 이르기까지 광범위하게 만연하는 폭력의 정체를 규명한다. 파머에 따르면, 폭력은 고통을 다루는 방법을 달리 알지 못할 때 취하는 행동이다. 우리 안에서 벌어지는 내면의 드라마를 직시하고 자신이 정말로 무엇을 원하는지를 진중하게 탐색하기 시작하면, 악순환을 일으키는 모순과 갈등을 풀어낼 실마리가 보인다. 그때, 고통은 대립과 파괴가 아닌 연민과 창조의 계기로 작동할 수 있다.

그것은 사람들이 안전하게 연결되는 사회적 유대, 깊은 신뢰로 맺어지는 공동체를 요구한다. 파머는 다른 저서에서 공동체를 가리켜, 치유와 정치가 만나는 곳이라고 했다. 우리 시대의 절실한 과제를 정확하게 짚어냈다고 본다. 그동안 우리는 '치유 없는 정치'에 식상해하면서 '정치 없는 치유'

로 위로받는 경우가 많지 않았는가. 이제 그 두 영역이 결합되어 사람이 살 만한 세상을 만들어가야 한다. 파머는 이 책에서 그러한 소망을 치밀하게 피력하고 있다. 사회학자로서 대학 교수를 지망했다가 사회 운동가로 방향을 전환하고, 퀘이커교도로서 영적인 탐구에 깊게 매진한 이후 교사들의 신뢰 서클 만들기에 주력해온 그의 이력도 고스란히 녹아들어 있다.

그동안의 저서와 달리 개인적으로 경험한 흥미로운 에피소드가 곳곳에 삽입되어 있고, 깊게 교분을 나누면서 자신에게 영향을 주었던 인물이 여럿 등장한다. 그리고 본인이 직접 쓴 시들이 함께 실려 있다. 저자는 이 모든 이야기를 통해 80년의 인생에서 배우고 얻은 소중한 식견을 독자들에게 전해주고자 한다. 자신의 취약한 모습을 진솔하게 드러내면서 마음을 나누고 싶어하는 열망이 이 책에 담긴 글들의 행간에서 생생하게 느껴진다. 특히 젊은이들과의 우정과 연대를 강조하는데, 그 자신이 세대를 넘어선 교류를 통해 함께 성장하는 삶을 살아왔다.

내가 처음 파커 파머를 만난 것은 15년 전쯤 『가르칠 수 있는 용기』라는 책을 통해서였다. 당시에 그 책을 읽고 감동을 받은 몇몇 지인이 저자를 한국에 초대하고 싶어서 연락했는데, 그는 건강 때문에 장거리 이동을 하기가 어렵다고 하셨다. 그 대신 자신이 하고 있는 교사 신뢰 서클을 직접 경험해보는 것이 어떻겠냐고 제안하셨다. 그래서 2007년에 하와이에서 열리는 사계절 피정에 네 번 참석해 그분이 해오신 일의 의미를 구체적으로 실감할 수 있었다. 그때 함께한 멤버들이 한국에서도 그런 운동을 해보자

고 의기투합하여 '마음의 씨앗'이라는 단체를 만들어 '마음비추기 피정'을
10년 동안 진행해왔다.

우리는 파머의 사상과 그가 만든 '용기와 회복 센터'의 선행 경험을 토
대로 시작했지만 아무래도 여러 가지 어려움과 혼란에 부딪힐 수밖에 없
었다. 그 고민을 직접 털어놓고 조언을 받기 위해 2012년에 파커 파머를
만나러 미국을 방문했다. 그분의 자택에서 이틀 동안 대화를 나누었는데,
진중한 토론과 경쾌한 웃음이 자연스럽게 섞이는 시간이었다. 우리를 처
음 맞이하실 때의 장면이 인상적이었는데, 함석헌 선생님의 시 '그 사람을
가졌는가' 영역본을 꺼내놓으시며 함께 읽자고 제안하셨다. 오래전에 미국
의 퀘이커 모임에서 수염이 긴 얼굴에 한복 도포자락을 휘날리며 걸어가
는 것을 보신 기억을 떠올리면서 그 경외로웠던 느낌을 말씀해주셨다. 그
런 섬세함과 진정성이 바탕에 깔려 있기에 그 위대한 일들을 해올 수 있었
겠다는 생각이 들었다.

이 책에는 주관적인 느낌을 묘사하는 형용사가 많이 나온다. 추상적인
개념과 달리 그런 단어는 한국어로 정확한 대응어를 찾기가 어렵다. 사전
에 여러 가지 한국어 풀이가 나와 있지만, 어느 것으로 번역하느냐에 따라
뉘앙스가 크게 달라진다. 그런 대목에서 나는 파머 선생님과 함께 있었던
시간을 떠올리면서 그분이 한국인이라면 어떤 단어로 말할지 상상했다. 저
자를 대면하면서 인격적으로 교분을 나눈 경험이 번역에 크게 도움이 된
것이다.

나름대로 최선을 다했지만, 원문의 심오한 뜻을 충실하게 옮기는 데 역부족이었다. 그것을 보완하는 데 함께 번역에 참여해준 정하린씨의 역할이 컸다. 그는 심리 상담과 비폭력대화 운동, 그리고 페미니즘 연구 및 활동에 애정을 갖고 있어서 마음의 움직임을 폭넓고 깊게 이해한다. 그러면서도 파머와 그의 활동에 익숙한 내가 번역 과정에서 놓치기 쉬운 점들을 한 발자국 떨어져서 객관적으로 살피게 해주었다.

또 한 가지, 이 책에는 파머의 작품을 포함해 여러 편의 시詩가 들어가 있다. 인문 사회과학의 논리적인 글들에 익숙해 있는 나로서는 문학적 표현들을 해석하고 적절한 우리말로 옮기는 데 어려움이 많았다. 다행히 출판사에서 황유원 시인께 의뢰해 감수를 받았는데, 중대한 오역을 여러 군데 바로잡고 원문의 뉘앙스에 가까운 한국어를 제안해주셨다. 그분의 도움이 아니었다면, 흠투성이의 번역이 될 뻔했다.

귀한 책을 번역하도록 기회를 주신 글항아리 출판사에 감사드린다. 전체적인 과정을 조율하고 진행해준 이은혜 편집장님, 번역 원고를 꼼꼼히 살피면서 다듬어준 박은아 편집자님, 정성 들여 시 번역을 감수해주신 황유원 시인, 마지막으로 초고 상태에서 원고를 찬찬히 보시고 추천의 말을 써주신 김훈 작가님에게 고마움을 전한다.

김찬호

| 전주곡 |

1  Kurt Vonnegut, *Player Piano* (New York: Dell Publishing, 1980), 84.

2  Leonard Cohen, "A Thousand Kisses Deep," *The Leonard Cohen Files*, http://tinyurl.com/y9bkha66.

3  Dylan Thomas, "Do not go gentle into that good night," in *The Poems of Dylan Thomas* (New York: New Directions, 1971).

4  William James, *The Varieties of Religious Experience* (New York: Cosimo Classics, 2007), 18.

5  이 표현은 트루먼 커포티가 다른 작가들의 글을 깔아뭉개며 한 말로 유명하다. Quote Investigator, http://tinyurl.com/y8grfr55를 참조할 것.

6  Online Etymology Dictionary, s.v. "Levity" (2018년 1월 13일 접속), http://tinyurl.com/ybbbyjrv.

7  G. K. Chesterton, *Orthodoxy* (New York: Simon & Brown, 2016), 95.

8  Leonard Cohen, "Tower of Song," *The Leonard Cohen Files*, http://tinyurl.com/yaosaqzr.

9  "Invocation" from *Shaking the Tree* by Jeanne Lohmann. Daniel & Daniel Publishers, Inc.의 Fithian Press로부터 허가를 받아 재수록.

10 이들 에세이 중 몇몇은 온빙스튜디오 블로그에 처음 포스팅했다. 2014년 10월 5일 이래 여기 올

린 글 목록은 http://tinyurl.com/ybwmhkb에서 확인할 수 있다.


## | 1장 가장자리의 시선 |


1　*Cambridge Dictionary*, s.v. "Brink" (2018년 1월 13일 접속), http://tinyurl.com/y8npy22z.

2　Oliver Wendell Holmes, *Holmes-Pollock Letters: The Correspondence of Mr. Justice Holmes and Sir Frederick Pollock, 1874–1932*, 2nd ed. (Belknap Press, 1961), 109.

3　Courtney E. Martin, "Reuniting with Awe," *On Being* (blog), March 6, 2015, http://tinyurl.com/ybdjhwa9.

4　Florida Scott-Maxwell, *The Measure of My Days* (New York: Penguin Books, 1983), 42.

5　*Wikipedia, The Free Encyclopedia*, s.v. "Thomas Aquinas" (accessed January 11, 2018), http://tinyurl.com/npo9d4u.

6　"Love" from *Czesław Milosz New and Collected Poems: 1931–2001*. Copyright © 1988, 1991, 1995, 2001 by Czesław Milosz Royalties, Inc. HarperCollins Publishers, Inc.와 The Wylie Agency의 허가를 받아 재수록.

7　William Butler Yeats, "The Coming of Wisdom with Time," Bartleby.com, http://tinyurl.com/hu9thkt

8　Emily Dickinson, "Tell the truth but tell it slant—(1263)," Poetry Foundation, http://tinyurl.com/hh2cm5w.

9　Saul McLeod, "Erik Erikson," *Simply Psychology* (2017), http://tinyurl.com/7svu5fu.

10　Lucille Clifton, "the death of fred clifton" from *Collected Poems of Lucille Clifton*. Copyright ©1987 by Lucille Clifton. BOA Editions, Ltd., www.boaeditions.org와 Curtis Brown을 대리한 The Permissions Company, Inc.의 허가로 재수록.


## | 2장 젊은이와 노인 |


1　Oliver Wendell Holmes, "The Voiceless," in *The Complete Poetical Works of Oliver Wendell Holmes* (New York: Houghton, Mifflin, 1900), 99.

2　Nelle Morton, *The Journey Is Home* (Boston: Beacon Press, 1985), 55. "Nelle Katherine Morton Facts," *Your Dictionary*, http://biography.yourdictionary.com/nellekatherine-morton도 참조할 것.

3　Howard Thurman, *The Inward Journey* (Richmond, IN: Friends United Press, 2007), 77.

4　Courtney Martin, *Do It Anyway: The New Generation of Activists* (Boston: Beacon Press,

2013).

5   Parker J. Palmer, *The Courage to Teach: Exploring the Inner Landscape of a Teacher's Life, 20th anniversary ed.* (San Francisco: Jossey-Bass, 2017), 26.

6   Mohandas K. Gandhi, *Gandhi: An Autobiography -The Story of My Experiments with · Truth* (Boston: Beacon Press, 1993).

7   Rainer Maria Rilke, *Letters to a Young Poet*, trans. Joan M. Burnham (New York: New World Library, 2000), 35.

8   Terrence Real, *I Don't Want to Talk About It: Overcoming the Secret Legacy of Male Depression* (New York: Scribner, 1998).

9   "The simplicity on the other side of complexity", John Paul Lederach, *The Moral Imagination: The Art and Soul of Building Peace* (Oxford, UK: Oxford University Press, 2010), 31에서 인용.

10  Diane Ackerman, *A Natural History of the Senses* (New York: Vintage Books, 1991), 309.

| 3장 리얼해진다는 것 |

1   *Crossings Reflection #4: "The Sound of the Genuine," Rev. Dr. Howard Thurman, (1899–1981)* (Indianapolis: University of Indianapolis: The Crossings Project, n.d.), http://tinyurl.com/gmv2ux2. 크로싱스 프로젝트와 그 출판물에 관해서는 http://tinyurl.com/zbmyaqf에서 더 알아볼 것.

2   Thomas Merton, *The Asian Journal of Thomas Merton* (New York: New Directions, 1975), 307.

3   Thomas Merton, *The Seven Storey Mountain, 50th Anniversary Edition* (New York: Harcourt Brace, 1998).

4   Herbert Mason, *The Death of al-Hallaj* (Notre Dame, IN: Notre Dame Press, 1979), xix.

5   Thomas Merton, *The Inner Experience: Notes on Contemplation* (San Francisco: HarperSanFrancisco, 2004), 4.

6   Thomas Merton, *The Sign of Jonas* (New York: Harcourt, Brace, 1953), 11.   ·

7   이 말은 보어의 출판물에서 그 출처를 찾을 수는 없었으나, 많은 2차 문헌에서 그의 것이라고 적고 있다. 그의 아들 한스 보어가 「내 아버지My Father」라는 에세이에서 한 말이 그 진위를 확인시켜준다. "아버지의 격언 중 가장 많은 사랑을 받는 말 가운데 하나는 두 가지 진리의 구분에 관한 것인데, 변변찮은 진리는 그 반대가 명백히 부조리한 데 반해, 심오한 진리는 그 반대 역시 심오한 진리라는 점으로 알아볼 수 있다는 것." *Niels Bohr: His Life and Work as Seen by His Friends and Colleagues,* ed. Stefan Rozental (Hoboken, NJ: Wiley, 1967), 328.

8   Thomas Merton, "To Each His Darkness," in *Raids on the Unspeakable* (New York: New Directions, 1966), 11–12.

9   Rainer Maria Rilke, *Letters to a Young Poet*, trans. M. D. Herter (New York: Norton, 1993), 59.

10  Parker J. Palmer, *Let Your Life Speak* (San Francisco: Jossey-Bass, 2000), chap. 2.

11  용기와 회복 센터에 관해 더 알아보고 싶다면 http://www.CourageRenewal.org를 방문해보라.

12  Merton, *Asian Journal*, 338.

13  Ibid.

14  Chinua Achebe, *Things Fall Apart* (New York: Anchor Books, 1994).

15  Thomas Merton, "Hagia Sophia," in *A Thomas Merton Reader*, ed. Thomas P. McDonnell (New York: Doubleday, 1989), 506.

16  Thomas Merton, *The Hidden Ground of Love* (New York: Farrar, Straus & Giroux, 1985), 294.

17  Igumen Chariton of Valamo, *The Art of Prayer: An Orthodox Anthology* (New York: Farrar, Straus and Giroux, 1966), 20.

18  "Beliefnet's Inspirational Quotes," Beliefnet, http://tinyurl.com/osgyqke.

19  "The Guest House" by Jalal al-Din Rumi and Coleman Barks (Trans.), from *The Essential Rumi* (New York: HarperOne, 2004). Reprinted with permission from the translator, Coleman Barks.

20  Jonathan Montaldo, ed., *A Year with Thomas Merton: Daily Meditations from His Journals* (New York: HarperOne, 2004), 12.

21  Albert Camus, *Lyrical and Critical Essays* (New York: Vintage, 1970), 169.

22  Chuang Tzu, "The Empty Boat," in *The Way of Chuang Tzu*, ed. Thomas Merton (New York: New Directions, 2010), 114.

23  Parker J. Palmer, *A Hidden Wholeness* (San Francisco: Jossey-Bass, 2004), 55.

24  Montaldo, *Year with Thomas Merton*, 14.

25  William James, 다음에서 인용. Joseph Demakis, *The Ultimate Book of Quotations*, http://tinyurl.com/y9963758.

26  Thomas Merton, *The Sign of Jonas* (New York: Harcourt, Brace and Company, 1953), 37.

27  Aubrey Menen, *The Ramayana, as told by Aubrey Menen* (Westport, CT: Greenwood Press, 1972), 276.

28  Montaldo, *Year with Thomas Merton*, 16.

29  In Richard Kehl, *Silver Departures* (New York: Aladdin, 1991), 8.

30  Montaldo, *Year with Thomas Merton*, 13.

31  Dylan Thomas, "Do not go gentle into that good night," in *The Poems of Dylan Thomas* (New York: New Directions, 1971).

## | 4장 일과 소명 |

1 Mary Catherine Bateson, *Composing a Life* (New York: Grove Press, 2001).

2 Quote Investigator, http://tinyurl.com/yd5rl8k9.

3 George Orwell, *Why I Write* (New York: Penguin Books, 2005), 10.

4 이 말의 기원에 관한 논쟁은 Quote Investigator, http://tinyurl.com/y7db9qve를 참조하라.

5 *Wikipedia, The Free Encyclopedia*, s.v. "John Gillespie Magee Jr.: *High Flight*," (accessed January 11, 2018), http://tinyurl.com/yc9fhbc3.

6 Barry Lopez, *Crossing Open Ground* (New York: Vintage, 1989), 69.

7 Wikiquotes, http://tinyurl.com/yayymvwe.

8 Thomas Merton, *The Inner Experience: Notes on Contemplation* (San Francisco: HarperSanFrancisco, 2004), 4.

9 Thomas Mann, *Essays of Three Decades* (New York: Knopf, 1942).

10 José Ortega y Gasset, *On Love: Aspects of a Single Theme* (Cleveland, OH: World-Meridian, 1957), 121.

11 Bateson, *Composing a Life.*

12 William Wordsworth, "Intimations of Immortality from Recollections of Early Childhood," *The Oxford Book of English Verse, 1250–1918*, ed. Arthur Quiller-Couch (Oxford, UK: Oxford University Press, 1963), 612.

13 Henry David Thoreau, *A Week on the Concord and Merrimack Rivers* (New York: Dover, 2001), 223.

14 Paul Engle, "Poetry Is Ordinary Language Raised to the Nth Power," *New York Times*, February 17, 1957, 4.

15 Robert Penn Warren, "Poetry Is a Kind of Unconscious Autobiography," *New York Times Book Review*, May 12, 1985, 9-10.

16 "To Hayden Carruth", *Wendell Berry, New Collected Poems*에서 인용. Copyright © 2012 by Wendell Berry. Counterpoint Press의 허락으로 재수록.

17 Shunryu Suzuki, *Zen Mind, Beginner's Mind: Informal Talks on Zen Meditation and Practice* (Boulder, CO: Shambhala, 2011), 1.

## | 5장 바깥으로 손을 뻗기 |

1 "Santos: New Mexico." Copyright 1948 by May Sarton, *Collected Poems 1930–1993* by May Sarton에서 인용. W.W. Norton & Company, Inc., A.M. Heath Literary Agents와 저자

의 에이전트인 Russell & Volkening의 허락으로 재수록.

2   Will Oremus, "The Media Have Finally Figured Out How to Cover Trump's Lies," *Slate*, March 23, 2017, http://tinyurl.com/moj2tb4.

3   Anne Lamott, *Traveling Mercies: Some Thoughts on Faith* (New York: Anchor Books, 2000), 134.

4   Iris DeMent, "God May Forgive You (But I Won't)," YouTube, http://tinyurl.com/yaqhfngs.

5   Sarton, "Santos: New Mexico."

6   Parker J. Palmer, *Healing the Heart of Democracy: The Courage to Create a Politics Worthy of the Human Spirit* (San Francisco: Jossey-Bass, 2014). 이 책과 관련된 토론 자료 와 영상은 http://tinyurl.com/hl4zhy9에서 볼 수 있다.

7   William Sloane Coffin, *Credo* (Louisville, KY: Westminster John Knox Press, 2004), 84.

8   "How Journalists Are Rethinking Their Role Under a Trump Presidency," *Diane Rhem Show* transcript, November 30, 2016, http://tinyurl.com/hdykgaq.

9   Margaret Sullivan, "The Post-Truth World of the Trump Administration Is Scarier Than You Think," *Washington Post*, December 4, 2016, http://tinyurl.com/zebmkrn.

10  Louis Nelson, "Conway: Judge Trump by What's in His Heart, Not What Comes out of His Mouth," *Politico*, January 9, 2017, http://tinyurl.com/h86donc.

11  D'Angelo Gore, Lori Robertson, and Robert Farley, "Fact-Checking Trump's Press Conference," FactCheck.org, January 11, 2017, http://tinyurl.com/z48vhdc.

12  US Department of Labor, Bureau of Labor Statistics, "Databases, Tables & Calculators by Subject: Labor Force Statistics from the Current Population Survey," January 11, 2018, http://tinyurl.com/zyq5xlx.

13  Steve Eder, "Donald Trump Agrees to Pay $25 Million in Trump University Settlement," *New York Times*, November 18, 2016, http://tinyurl.com/h6eqcq2.

14  Sarah Carr, "Tomorrow's Test," *Slate*, June 5, 2016, http://tinyurl.com/hwnr9vo.

15  Ruth Marcus, "Welcome to the Post-Truth Presidency," *Washington Post*, December 2, 2016, http://tinyurl.com/jrbd4gd.

16  *Wikipedia, The Free Encyclopedia*, s.v. "Sundown Town" (accessed January 11, 2018), http://tinyurl.com/q64z9t5.

17  Janell Ross, "From Mexican Rapists to Bad Hombres, the Trump Campaign in Two Moments," *Washington Post*, October 20, 2016, http://tinyurl.com/m3af2p2.

18  Monica Davey, "He's a Local Pillar in a Trump Town. Now He Could Be Deported," *New York Times*, February 27, 2017, http://tinyurl.com/jrz5eoc.

19  Frank Pallotta, "Jon Stewart on Trump: 'We Have Never Faced This Before,'" *CNN*

*Money*, February 1, 2017, http://tinyurl.com/ky9y78h.

20 Ira Glass, "The Beginning of Now: Act II—Who Tells Your Story?" *This American Life*, April 28, 2017, http://tinyurl.com/k3d6bdt.

21 Noor Wazwaz, "It's Official: The U.S. Is Becoming a Minority-Majority Nation," *U.S. News & World Report*, July 6, 2015, http://tinyurl.com/mtdpymf.

22 William Wordsworth, "The world is too much with us; late and soon," Bartleby.com, http://tinyurl.com/yv5eaf.

23 Thomas Merton, *Conjectures of a Guilty Bystander* (New York: Doubleday, 1966), 81.

24 의회 인권 순례는 신념과 정치 재단의 후원으로 개최되는 연례 행사다. http://tinyurl.com/y9wa7ct4.

25 "Selma, Alabama, (Bloody Sunday, March 7, 1965)," BlackPast.org, http://tinyurl.com/pwo7snb.

26 National Park Service, US Department of the Interior, "Brown Chapel AME Church," http://tinyurl.com/h5nu4ws.

## | 6장 안쪽으로 손을 뻗기 |

1 "Du siehst, ich will viel", *The Book of Hours* by Rainer Maria Rilke (Evanston: Northwestern University Press, 2001), 18에서 인용.

2 Stanley Kunitz, "The Layers," in *Passing Through: The Later Poems*, New and Selected (New York: Norton, 1997), 107.

3 Annie Dillard, *Teaching a Stone to Talk* (New York: Harper & Row, 1982), 94-95.

4 "The Guest House" by Jalal al-Din Rumi and Coleman Barks (Trans.), *The Essential Rumi* (New York: HarperOne, 2004)에서 인용. 영역자 콜먼 바크스의 허락으로 재수록.

5 J. D. McClatchy, *Sweet Theft: A Poet's Commonplace Book* (Berkeley, CA: Counterpoint Press, 2016), 51.

6 Mohandas K. Gandhi, *Gandhi: An Autobiography-The Story of My Experiments with Truth* (Boston: Beacon Press, 1993).

7 Thomas Merton, *The Asian Journal of Thomas Merton* (New York: New Directions, 1973).

8 John Howard Griffin, *Follow the Ecstasy: The Hermitage Years of Thomas Merton* (San Antonio, TX: Wings Press, 2010).

9 John Middleton Murry, M. C. Richards, *Centering* (Middleton, CT: Wesleyan University Press, 1989), epigraph에서 인용.

10 Thomas Merton, *Conjectures of a Guilty Bystander* (New York: Image, 1968), 153–154.

11 Nelle Morton, *The Journey Is Home*; "Nelle Katherine Morton Facts."

12 Howard Thurman, *The Inward Journey* (Richmond, IN: Friends United Press, 2007), 77.

13 Paul Tillich, *The Shaking of the Foundations* (Eugene, OR: Wipf & Stock, 2012), 155.

14 밸러리 카우르와 그녀의 작업에 관해서는 http://valariekaur.com을 방문해볼 것.

15 Georgia Keohane, "MLK, Civil Rights and the Fierce Urgency of Now," *Time*, January 19, 2015, http://tinyurl.com/y75ez78c.

16 혁명적 사랑의 선언에 동참하거나 프로젝트에 관해 알아보고자 한다면 http://www.revolutionarylove.net을 방문해볼 것.

17 이 하시디 일화는 철학자 제이컵 니들먼이 해주었는데, 그는 내가 정확하게 이야기할 수 있도록 이 내용을 적어 내게 보내주었다.

18 *Wikipedia, The Free Encyclopedia*, s.v. "ORB Survey of Iraq War Casualties" (accessed January 11, 2018), http://tinyurl.com/pqdrz85.

19 *Wikipedia, The Free Encyclopedia*, s.v. "Casualties of the Iraq War" (accessed January 11, 2018), http://tinyurl.com/77g7ave.

20 내 책 『비통한 자들을 위한 정치학』(김찬호 옮김, 글항아리, 2012)에서 이에 관해 더 풍부하게 논의했다.

21 William Sloane Coffin, "Despair Is Not an Option," *The Nation*, January 12, 2004, http://tinyurl.com/ya5fnsuo

22 "Herbst", *Selected Poems of Rilke, Bilingual Edition*, by Rainer M. Rilke (Berkeley: University of California Press, 2001), 44에서 인용.

23 Thomas Merton, "Hagia Sophia," in *A Thomas Merton Reader*, ed. Thomas P. McDonnell (New York: Doubleday, 1989), 506.

## | 7장 가장자리를 넘어 |

1 *Wikipedia, The Free Encyclopedia*, s.v. "Rule of Saint Benedict" (accessed November 3, 2017), http://tinyurl.com/b5t9dws.

2 *Wikipedia, The Free Encyclopedia*, s.v. "Order of Saint Benedict" (accessed December 16, 2017), http://tinyurl.com/y8pxwqtf.

3 *The Rule of Benedict*, Order of Saint Benedict, http://tinyurl.com/ycweregk.

4 Brother David Steindl-Rast, "Learning to Die," *Parabola* 2, no. 1 (Winter, 1977), http://tinyurl.com/ yclmyc9q.

5 Florida Scott-Maxwell, *The Measure of My Days* (New York: Penguin Books, 1983), 42.

6 Erik Erikson, *Childhood and Society* (New York: Norton, 1986).

7 e.e. cummings, "I thank You God for most this amazing," in *Selected Poems* (New York: Liveright, 2007), 167.

8 이날의 폭풍에 관해서는 "July 4–5, 1999 Derecho: 'The Boundary Waters—Canadian Derecho,'" http://tinyurl.com/5jefal를 참조할 것.

9 *Wikipedia, The Free Encyclopedia*, s.v. "Julian of Norwich" (accessed Nov. 9, 2017), http://tinyurl.com/ya8esqa7.

## 「기원」
Jeanne Lohmann, "Invocation"
"Invocation" *Shaking the Tree* by Jeanne Lohmann. Daniel & Daniel Publishers, Inc.의 .
Fithian Press로부터 허가를 받아 재수록.

## 「프레드 클리프턴의 죽음」
Lucille Clifton, "the death of fred clifton"
Lucille Clifton, "the death of fred clifton" from *The Collected Poems of Lucille Clifton:
1965-2010.* Copyright © 1987, 1989 by Lucille Clifton. Published by BOA Editions. BOA
Editions, Ltd., www.boaeditions.org와 Curtis Brown, Ltd.을 대신하여 The Permissions
Company, Inc.로부터 허락을 받아 재수록.

## 「여인숙」
Rumi, "The Guest House"
"The Guest House" by Jalal al-Din Rumi and Coleman Barks (Trans.), from *The Essential
Rumi* (New York: HarperOne, 2004). 영역자 Coleman Barks의 허락으로 재수록.

## 「헤이든 캐루스에게」
Wendell Berry, "To Hayden Carruth"
"To Hayden Carruth" from *Wendell Berry, New Collected Poems.* Copyright © 2012 by
Wendell Berry. Counterpoint Press의 허락을 받아 재수록.

## 「산토스: 뉴 멕시코」
May Sarton, "Santos: New Mexico"
"Santos: New Mexico." Copyright © 1948, 1974 by May Sarton, from *Collected Poems 1930-
1993* by May Sarton. W.W. Norton & Company, Inc.와 저자의 에이전트인 Russell & Volkening
의 허락을 받아 사용.

# 모든 것의 가장자리에서

| | |
|---|---|
| **1판 1쇄** | 2018년 7월 27일 |
| **1판 2쇄** | 2018년 8월 6일 |

| | |
|---|---|
| **지은이** | 파커 J. 파머 |
| **옮긴이** | 김찬호 정하린 |
| **펴낸이** | 강성민 |
| **편집장** | 이은혜 |
| **편집** | 박은아 |
| **마케팅** | 이숙재 정현민 김도윤 안남영 |
| **홍보** | 김희숙 김상만 이천희 |
| **독자모니터링** | 황치영 |

| | |
|---|---|
| **펴낸곳** | ㈜글항아리 | 출판등록 2009년 1월 19일 제406-2009-000002호 |
| **주소** | 10881 경기도 파주시 회동길 210 |
| **전자우편** | bookpot@hanmail.net |
| **전화번호** | 031-955-8891(마케팅) 031-955-1936(편집부) |
| **팩스** | 031-955-2557 |

| | |
|---|---|
| **ISBN** | 978-89-6735-531-9  03300 |

이 도서의 국립중앙도서관 출판시도서목록(CIP)은 e-CIP홈페이지(http://www.nl.go.kr/ecip)와
국가자료공동목록시스템(http://www.nl.go.kr/kolisnet)에서 이용하실 수 있습니다.(CIP제어번호: CIP2018020653)